Marianne Hege
Die steinerne Fee

Marianne Hege

Die steinerne Fee

Idealisierung und Dämonisierung weiblicher Kraft

QUADRIGA

Aspekte des Menschen
Herausgegeben von Bernd Weidenmann

CIP-Kurztitelaufnahme der Deutschen Bibliothek

Hege, Marianne:
Die steinerne Fee : Idealisierung u. Dämonisierung
weibl. Kraft / Marianne Hege. – 2. Aufl. –
Weinheim ; Berlin : Quadriga, 1987.
(Aspekte des Menschen)
1. Aufl. im Verl. Beltz, Weinheim, Basel
ISBN 3-88679-801-1

Umschlaggestaltung: Manfred Manke
Innenlayout: Claus Seitz · München
Gesamtherstellung: Druckhaus Beltz · 6944 Hemsbach
Printed in Germany

ISBN 3-88679-801-1

Inhalt

Das lebendige Gedächtnis wird der Frau entwunden, ein Bild das andere von ihr sich machten, wird ihr untergeschoben. Der entsetzliche Vorgang der Versteinerung, der Verdinglichung am lebendigen Leib.

Christa Wolf

Einleitung
Wie ich dazu kam, dieses Buch zu schreiben

Bei der Materialsammlung für eine Vorlesung zur Geschichte der Sozialarbeit im Mittelalter suchte ich nach der Burgherrin *Elisabeth von Thüringen,* von der ich wußte, daß sie während einer Hungersnot von ihrer Burg zu den Armen herunterstieg, um ihnen Korn zu bringen. Ich glaubte, an ihrem Handeln den Vollzug der Almosenlehre verdeutlichen zu können. Ich habe mich geirrt. Ich fand in den Quellenberichten zu dem Verfahren der Heiligsprechung *die Heilige* Elisabeth. Spuren der wirklichen Gestalt Elisabeths konnte ich aus spontanen Äußerungen oder aus Widersprüchlichkeiten der Aussagen erschließen. Elisabeth selbst hat über sich nicht berichtet.

Ich wurde neugierig auf das Leben der Frauen im Mittelalter, ich suchte weiter und stieß auf die Schriften der Kirchenväter über die Frauen und fand schließlich die vergessenen Frauen, die Hexen. Die Hexen haben uns ebenfalls keine schriftlichen Berichte hinterlassen, sie haben ihr Wissen mündlich weitergegeben. Aber es gibt auch über sie Prozeßberichte. Stärker noch als bei der Heiligsprechung ist das Wissen über diese Frauen geprägt durch Anklage und Prozeßablauf im Inquisitionsverfahren. Es gibt gleichsam keine individuelle Schuld, es ist *die Hexe,* die herausgefragt, herausgequält wird in einer erschreckenden Gleichförmigkeit. Ich begegnete in den Prozeßbeschreibungen immer den gleichen Beschuldigungen, dem gleichen Ablauf, dem gleichen Geständnis, Ergebnis unerbittlicher Brutalität, inquisitorischer Logik und körperlicher Tortur. Zeichen eines individuell-konkreten Lebens sind Berichte über Schmerz und Leid. Ich fand keine individuelle Geschichte, sie ist ausgelöscht. Zur Beschreibung des Bildes der Hexe beziehe ich mich deshalb auf den »Hexenhammer« von *Jakob Sprenger* und *Heinrich Institoris.*

In den Befragungen der Prozesse gerinnt das Leben gleichsam auf die befragte Heiligkeit oder auf das befragte Malefizium, das Übel der Hexe. Gefragt und geschrieben haben Männer; Vorstellungen und Bilder, die die Befragung leiteten, entspringen dem Gottes- und Teufelsglauben dieser Zeit. Das geschah im Mittelalter.

Bei meiner Tätigkeit in der Praxisberatung fiel mir in den letzten Jahren zunehmend auf, daß gerade auch junge Kolleginnen bei der Entfaltung ihrer Kraft sich Schranken auferlegen. Meine Nachfragen und die gemeinsame Reflexion erschlossen ein ängstliches Anklammern an professionelle Regeln, aber auch die Verhaftung an überkommene Leitbilder des Helfens, der guten *Fee,* der Frau, die sich selbst bescheidet, die selbstlos hilft. Diese Bilder waren zum Teil Gegenstand der beruflichen Ausbildung, sie waren aber auch lebendig in der Geschichte der je eigenen Familie. Als Vermittler dieser Leitvorstellungen in der Familie wurden zunächst die Väter gesehen, dann aber auch die Mütter, die sich damit identifiziert hatten. Diese Kolleginnen hatten wenig Mut, Neues zu erproben. Ihre Sorge war verbunden mit der Angst, als unweiblich zu gelten. Ihre beruflichen Verhaltensweisen waren in der Regel funktional für die Institution und das Programm, in welchem sie tätig waren. Die Kolleginnen selbst aber fühlten sich eingeschränkt, unzufrieden, von Klienten wie Arbeitgebern benutzt. Sie scheuten sich, Leitungs- oder Verwaltungsfunktionen zu übernehmen, auch dann, wenn sie von ihren Fähigkeiten her dazu in der Lage gewesen wären. Es genügte mir nicht mehr, mit den Kolleginnen ihre je individuelle Geschichte zu bearbeiten. Ich wollte genauer wissen, in welcher Zeit, unter welchen Bedingungen dieses Bild von Weiblichkeit entstanden war.

Ich suchte nach den bürgerlichen Frauen im 19. Jahrhundert. Ich fand die Pionierinnen der weiblichen sozialen Berufsarbeit. Diese Frauen haben niedergeschrieben, wofür sie kämpften. Ihre leiblichen und geistigen Väter aber definierten für ihre Töchter das Wesen und die Idee der Frau. Sie ließen sich leiten vom bürgerlichen Interesse in der fortschreitenden Industrialisierung. Die Töchter, die treu zu den Grundsätzen ihrer Väter standen, verwirklichten deren Idee in ihrem Beruf.

In allen drei Epochen – Mittelalter, Zeitalter des Bürgertums, Gegenwart – werden Frauen verehrt und verachtet. Idealisierung und Dämonisierung vollziehen sich in jeder Epoche in der für die gesellschaftliche Situation typischen Form. Was allgemein als Selbstlosigkeit gilt, wandelt sich. Im Mittelalter ist die idealisierte helfende Fraue die *Heilige*, im 19. Jahrhundert ist sie der *rettende Engel* – in kirchlicher oder in säkularisierter Form –, heute existiert das Bild der *guten Fee*. In allen Epochen jedoch dienen Idealisierung und Dämonisierung der Einschränkung, der Verdinglichung, der Domestizierung weiblicher Kraft, was ich an konkreten Frauengestalten aufzeigen möchte.

Erster Teil
Mittelalter – die helfende Frau als Heilige und als Hexe

1. Ständeordnung und Almosenlehre im Mittelalter

Die gesellschaftliche Situation in der Feudalgesellschaft und das Leben der Menschen in ihr zu begreifen, fällt uns heute schwer. Unser Denken ist – auch durch den Schulunterricht – geprägt von zwei Klischeevorstellungen: das Mittelalter als heile Welt oder das dunkle Mittelalter. Beide Sichtweisen werden der Wirklichkeit nicht gerecht.

Die Zeit war unruhig, die Menschen lebten in Unsicherheit.

> Das Volk kann sein eigenes Los und die Ereignisse jener Zeit nicht anders erfassen denn als eine unaufhörliche Abfolge von Mißwirtschaft und Aussaugung, Krieg und Räuberei, Teuerung, Not und Pestilenz. Die chronischen Formen, die der Krieg anzunehmen pflegte, die fortwährende Beunruhigung von Stadt und Land durch allerlei gefährliches Gesindel, die ewigen Bedrohungen durch eine harte und unzuverlässige Gerichtsbarkeit und außerdem noch der Druck von Höllenangst, Teufels- und Hexenfurcht hielten ein Gefühl allgemeiner Unsicherheit wach, das wohl dazu angetan war, den Hintergrund des Lebens schwarz zu färben. Es war nicht nur das Dasein der Kleinen und Armen, das in Unsicherheit verlief; auch in dem Leben von Adel und Magistraten waren jähester Schicksalswechsel und andauernde Gefahren fast die Regel. (*Huizinga* 1975, S. 33)

Für Elend und Gebrechen gab es noch wenig Linderung. Es war sichtbar auf der Straße wie alle Dinge des Lebens, es war von einer »prunkenden und grausamen Öffentlichkeit« *(Huizinga)*. Dieser kurze Text nennt nur einen Ausschnitt der Bedingungsfaktoren, die das Leben damals bestimmten. Die Feudalgesellschaft ist so grundlegend verschieden in ihrer Struktur von der unsrigen, daß sie vor den weiteren Ausführungen einer kurzen Erläuterung bedarf. Ohne die Kenntnis dieser Struktur bleibt die mittelalterliche kirchliche

Lehre über die Versorgung der Armen und über die Frauen unverständlich.

Lenski (1973) beschreibt die folgende Schichtung: Ein Prozent der Bevölkerung bildet die *regierende Klasse,* in die man nur auf zwei Wegen gelangen kann: durch Erbe oder Erwerb von Grundbesitz. Der Adelige oder der im Dienst des Adels in die regierende Klasse Aufgestiegene zählt zur Herrschaftselite mit unbeschränkter Gewalt über die Unfreien. Fünf Prozent der Bevölkerung gehören der *Vasallen-* und *Priesterklasse* an, sie dienen der regierenden Klasse als Beamte und Berufssoldaten, als Priester und Kirchenfürsten. Sie sichern die militärische und administrative Herrschaftsausübung und legitimieren dieses System in der religiösen Lehre wie in der Diplomatie. Vor allem aber vermitteln sie zwischen der herrschenden Klasse und dem niedrigen Volk. Während der hohe Klerus in enger Kooperation mit der regierenden Klasse steht, stellt der niedrige Klerus sich oft auf die Seite der Schwachen und unterstützt revolutionäre Bewegungen.

Eine Zwischenstellung nehmen die *Kaufleute* ein. Sie stehen zur regierenden Klasse in Geschäftsbeziehungen, nicht in obrigkeitlicher Abhängigkeit. Ihre Spezialkenntnisse machen sie unentbehrlich. Die wachsende Verflechtung von Kapital und Politik stärkt ihre Stellung.

Drei bis sieben Prozent leben als *Handwerker*, eine Klasse, die wir aus der Literatur nur idealisiert kennen. Doch ihre Lebensbedingungen sind oftmals noch schlechter als die der Bauern. Durch die Bildung von Zünften gewinnen sie im 14. Jahrhundert an Einfluß. Soziale Sicherheit ist jedoch nur schwer zu erringen, eine eigene Werkstatt können sich nur wenige leisten.

70% (!) der Bevölkerung sind *Bauern,* die unter der Willkür von Grundherren am Rande des Existenzminimums leben, immer vom Abstieg in die *Klasse der Deklassierten* bedroht. In ihr sammeln sich alle die Menschen, die ohne Besitz, ohne Land, ohne feste Arbeit leben. Es ist eine vielfältige bunte Gruppe. Auch ihre beschönigende Darstellung in der Literatur läßt vergessen, daß sie als die Unreinen, Unberührbaren gelten. Es sind Gelegenheitsarbeiter, Lassträger, Krüppel, Aussätzige, Bettler, Kriminelle und Vogelfreie, aber auch Schausteller und Gaukler. Sie leben von Gaben, aber auch von Betrug und kleinem Diebstahl. *Hobbes* meint: »Ihr Leben war arm, schmutzig, brutal und kurz«.

Es gibt zahlreiche Ständelehren und Ständespiegel, die diese hierarchische Ordnung als gottgewollt preisen. Nicht Leistung, Neigung und Fähigkeit bestimmen den Platz des Menschen in der Welt, sondern die göttliche Vorsehung. Die kirchliche Lehre der Zeit schafft für diese Ordnung die theologische Rechtfertigung.

Die Almosenlehre bindet Not und Elend der vielen und Reichtum und Macht der wenigen in ein theologisches System ein. Der Dogmatiker *Thomas von Aquin* gibt in seinem Monumentalwerk »Summa Theologica« auch detaillierte Anweisungen für die Versorgung der Armen. Im Neuen Testament heißt es einfach und unmißverständlich: »Wer zwei Röcke hat, gebe einen dem anderen« oder »die rechte Hand soll beim Geben nicht wissen, was die linke tut«. Bei Thomas kommt es zu einer radikalen Umdeutung der Nächstenliebe. Almosengeben ist wie Beten und Fasten Teil des Bußsakraments; Nächstenliebe wird, wie *Max Weber* sagt, also »psychologisch prämiert«. Der Reiche erwirbt sich damit bessere Chancen für das Leben nach dem Tode. Durch das Geben kann er »zeitliche Sündenstrafen« abgelten.

Daß bei Thomas das Geben zur geistlichen Legitimation des unchristlichen Ständestaates wird, zeigen augenfällig die Grundsätze für das Almosengeben sowie die Beziehung zwischen »Wohltäter« und »Empfänger«. Zuerst zu den Grundsätzen: Der Reiche hat nur aus seinem »superfluum«, dem was er über das Standesgemäße hinaus besitzt, zu geben. Zu geben ist, wenn bestimmte Notstände dem Gebenden vor Augen sind: Hunger, Durst, Nacktheit, Obdachlosigkeit, Gefangenschaft, nicht beerdigt zu sein. Aber Armut ist ein gottgegebener Stand. Es soll aktuell geholfen, nicht dauerhaft verändert werden. Thomas regelt aber auch die menschliche Beziehung zwischen Gebenden und Empfangenden.

12. Artikel

Muß der Mensch den Wohltäter mehr lieben als den Empfänger der Wohltat?

1. Augustinus sagt: »Nichts treibt so sehr zur Liebe an wie die zuvorkommende Liebe; und gar zu hart wäre doch ein Herz, das nicht bloß nicht zuerst lieben, sondern nicht einmal Liebe mit Gegenliebe vergelten wollte.« Die Wohltäter aber kommen uns zuvor im Wohltun der heiligen Liebe. Also müssen wir am meisten die Wohltäter lieben.

2. Jemand ist um so mehr zu lieben, je schwerer man sündigen

würde, wenn man aufhörte, ihn zu lieben oder gar gegen ihn handelte. Schwerer aber sündigt der, der seinen Wohltäter nicht liebt oder gar gegen ihn handelt, als wenn er aufhört, den zu lieben, dem er bis dahin Wohltaten erwiesen hat. Also sind die Wohltäter mehr zu lieben als die, denen wir Wohltaten erweisen.
3. Unter all dem, was wir lieben müssen, ist am meisten Gott zu lieben und nach ihm der eigene Vater, wie Hieronymus sagt. Das sind aber unsere größten Wohltäter. Also ist der Wohltäter am meisten zu lieben.
Anderseits sagt der Philosoph: »Die Wohltäter scheinen die Empfänger der Wohltat mehr zu lieben als umgekehrt [die Empfänger der Wohltaten ihre Wohltäter].«
Antwort: Wie oben gesagt, wird etwas in doppelter Weise ›mehr‹ geliebt: einmal, weil es die Bewandtnis eines erhabeneren Gutes hat; in anderer Weise auf Grund einer engeren Verbindung [mit dem Liebenden]. In der *ersten* Weise ist der Wohltäter mehr zu lieben, weil er der Ursprungsgrund des Guten im Empfänger der Wohltat ist und infolgedessen die Bewandtnis des erhabeneren Gutes hat, wie es auch vom Vater gesagt wurde.
In der *zweiten* Weise aber lieben wir die Empfänger der Wohltaten mehr, wie der Philosoph mit vier Gründen beweist. *Erstens* nämlich ist der Empfänger der Wohltat gleichsam das Werk des Wohltäters; deshalb pflegt man von ihm zu sagen: Er ist seine ›Schöpfung‹. Es ist aber jedem Wesen natürlich, daß es sein Werk liebt; so sehen wir, daß die Dichter ihre Gedichtwerke lieben. Und das ist deshalb so, weil ein jedes Wesen sein Sein und sein Leben liebt, das sich vor allem in seinem Handeln kundgibt. – *Zweitens,* weil ein jeder natürlicherweise das liebt, worin er sein eigenes Gut schaut. So hat der Wohltäter im Empfänger seiner Wohltat ein Gut und umgekehrt; der Wohltäter aber sieht im Empfänger der Wohltat ein ehrenhaftes Gut [nämlich seine edle Tat], der Empfänger aber im Wohltäter nur sein Nutzgut. Das Edelgut zu betrachten macht aber mehr Freude als das Nutzgut, sowohl weil es von größerer Dauer ist – der Nutzen nämlich geht schneller vorüber, und die Freude am Vergangenen ist nicht so groß wie die Freude am Gegenwärtigen –, als auch weil wir uns mit größerer Freude der Edelgüter erinnern als der Nützlichkeiten, die uns von anderen geworden sind. – *Drittens,* weil es zum Liebenden gehört, zu handeln; denn er wünscht und tut dem Geliebten Gutes; dem Geliebten aber gehört das Empfangen. Also ist die Liebe Sache des Vornehmeren. – Deshalb sehen wir, daß der Wohltäter größere Liebe hat. – *Viertens,* weil es schwieriger ist, Wohltaten zu erweisen als Wohltaten zu empfangen. Das

aber, was uns größere Mühe macht, lieben wir auch mehr; was uns aber leicht wird, schätzen wir nicht.
Zu 1. Es steht beim Wohltäter, den Empfänger der Wohltat dazuzubringen, daß er ihn [den Wohltäter] liebt. Der Wohltäter aber liebt den Empfänger nicht, weil er von ihm dazu gebracht wurde, sondern aus eigenem Antrieb. *Was aber aus sich ist, ist vornehmer als das, was von einem anderen ist.*
Zu 2. Die Liebe des Empfängers zum Wohltäter ist mehr geschuldet, und so hat das Gegenteil die Bewandtnis der größeren Sünde. Die Liebe des Wohltäters aber zum Empfänger der Wohltat kommt mehr aus eigenem Antrieb; und so zeigt sie eine größere Bereitwilligkeit.
Zu 3. Auch Gott liebt uns mehr, als wir Ihn lieben; und die Eltern lieben ihre Kinder mehr, als sie von ihnen geliebt werden. Doch ist damit nicht gesagt, daß wir jeden Empfänger von Wohltaten mehr lieben als jeden Wohltäter. Denn jene Wohltäter, von denen wir die größten Wohltaten empfangen haben, nämlich Gott und die Eltern, lieben wir mehr als jene, denen wir selbst geringere Wohltaten erweisen. (*Thomas von Aquin* 1959, S. 159f.)

Der Wohltäter ist nicht nur materiell, sondern auch moralisch überlegen: Er ist das »erhabenere Gut«, er hat die »größere Liebe« als der Empfänger, er ist Wohltäter wie Gott und Eltern und verdient ähnliche Liebe vom Empfänger. Der Bedürftige hat sich demütig zu fügen. Der Gebende bestimmt, wieviel er gibt, und er gibt um so eher, je ohnmächtiger sich der Arme »offenbart«. Der Arme darf nicht fordern. Er kann nur seine Not zeigen und hinnehmen, daß er durch das Almosen ein Stück »Schöpfung« des Wohltäters wird.

Das sinnhafte Bild für diese Interaktion ist der gebeugte Arme mit offenen Händen und der sich herunterbeugende Gebende. Die theologische Einbindung in Sünde und Erlösung läßt der Nächstenliebe kaum Raum: Der Wohltäter tut Buße, der Empfänger wird erniedrigt.

Widersprüche dieser Art drängen nach Bewältigung. Gegen die Hilflosigkeit der Empfängerrolle entwickeln sich mehrere Verarbeitungstypen. Der radikalste ist zweifellos der Aufrührer. So predigt *Thomas Münzer* am Ende des Mittelalters, der Besitz gehöre allen. Narr und Vagabund spielen mit ihrer Armut. Sie leben vom Almosen, können es sich aber leisten, Kritik zu üben. Die Angehörigen der Bettelorden, die in Opposition zur sich entwickelnden bürgerlichen Gesellschaft entstehen, setzen die Demutsgesten taktisch ein. Kirche und Magistrate versuchen, diese Verarbeitungstypen durch Bettelordnungen zu kontrollieren.

Die entschiedenste Aufwertung der Empfängerrolle ist ihre Idealisierung: Der Arme als Heiliger. (*Franz von Assisi* ist Vorbild für freiwillige Armut. Er verstand seine Armut zunächst als Protesthaltung gegenüber dem Reichtum der Kirche. Der Orden der Franziskaner wurde später von der Kirche ebenso vereinnahmt wie die heilige Elisabeth.) Besitz und Macht zu entsagen, erhebt den Asketen. Allerdings lenkt diese Idealisierung von der realen Not der Mehrzahl ab. Das zeigt sich dort, wo Wohltäter zu Heiligen werden, weil sie Geben mit Verzicht, Helfen mit Askese verbinden. In den Heiligenlegenden geht es nicht um die Bedürftigen, sondern um die Taten der Heiligen an ihnen sowie um die Dankbarkeit als Lohn für die Hingabe.

Der bekannteste Vertreter des idealisierten Wohltäters ist eine Frau: Die *heilige Elisabeth.* An ihrem Schicksal ist aber nicht nur Typisches für das Thema der Nächstenliebe aufzuzeigen. Diese Frauengeschichte kann nicht ausgeleuchtet werden, ohne vorweg das Bild der Frau im Mittelalter zu umreißen. Es ist – wie das Bild von Wohltäter und Empfänger – vor allem theologisch geprägt.

2. Eva und Maria

Die Lehren der Kirche, weniger bezogen auf das Neue Testament als auf die Kirchenväter, haben einen wesentlichen Anteil an der Unterscheidung verachtungs- und verehrungswürdiger Frauen. Jungfräulichkeit ist die höchste Tugend – in dieser Beurteilung sind sich alle Theologen einig. Sie entspricht dem sich im Mittelalter durchsetzenden asketischen Zug des Christentums, das dem Priester neben Armut und Gehorsam die Keuschheit auferlegt. Die Frau wird in dieser männlich-asketischen Welt in ihrer Wirkung auf die Männer beurteilt. Sie erscheint ihnen als verführerische Eva, die den Mann zur Sünde verlockt. Sie ist zwar Urmutter, zugleich aber der Mensch, durch den die Sünde in die Welt kam. Sie ist labil, neugierig, verführbar und hat zugleich die Macht, den Mann zu verführen.

Dieses Erbe kann nur getilgt werden durch Maria, die jungfräuliche Mutter, der Welt gegenüber verschlossen, reines Gefäß für den Gottessohn. Maria ist still, gehorsam und rein. Sie kann vom asketischen Mann verehrt werden, zu ihr kann er sich wenden, sie verunsichert nicht, fordert nicht heraus. Sie ist asexuelle Frau, Mutter, Himmelskönigin. Zwei Kirchenväter, *Augustin* und *Thomas von Aquin*, haben dieses Frauenbild besonders geprägt.

Augustin wurde mit 32 Jahren zum Christen. Das Thema »Frau« beschäftigte ihn ein Leben lang als das Thema vom Sündenfall. Augustin versuchte herauszufinden, was das paradiesische Leben einschließlich der paradiesischen Beziehung zwischen Mann und Frau zerstörte und was das geschlechtliche Zusammenleben sündhaft werden ließ. In langen Ausführungen kommt er zu der Aussage, im Paradies habe es ehelichen Verkehr gegeben, allerdings ohne die Lust. Alles sei dem Willen unterworfen gewesen. Die Lust aber ist unwillkürlich; sie läßt sich nicht kontrollieren und wird durch Reize geweckt. Die Scham nach dem Sündenfall ist die Reaktion auf die Freisetzung des Unwillkürlichen. Und daran hat die Frau – als zuerst durch die Schlange verführte, dann selbst als Verführerin – entscheidenden Anteil. Der asketische Mann kämpft um die Wiederherstellung der »Willkür«, der Ratio, der Selbstkontrolle. Die Frau als Versucherin muß, will er nicht unterliegen, von ihm diszipliniert werden. Wie der Mann seine Lebenstriebe dem Willen zu unterwerfen sucht, so muß er auch die Beziehung zur Frau gestalten. Was sich in Reue, Qual, Unterwerfung der Lebenstriebe unter den Willen im asketischen Mann abspielt, das wird übertragen auf die Beziehung von Mann und Frau. Der Mann liebt an seiner Gefährtin, daß sie ein Mensch ist, er haßt in ihr das Weib. Diese schreckliche Spaltung, die Unversöhnlichkeit von Leiblichkeit und Geistigkeit, führte zur Stigmatisierung der Frau.

Diese Auffassung legitimierte theologisch die Unterwerfung der Frau. Man kann dieses Faktum weder abtun mit dem Argument, dies sei antiquierte Theologie, noch mit dem Versuch, es auf individuelle psychologische Probleme der Person Augustins zurückführen. Augustin hätte nicht die Bedeutung erlangt, wenn er nicht ein Thema seiner Zeit getroffen hätte, nämlich die Unterwerfung der Lebenstriebe unter die willentliche Kontrolle, der Libido unter die Ratio.

Thomas von Aquin stützte die Unterwerfung der Frau durch scholastische »Beweise« ihrer prinzipiellen Minderwertigkeit gegenüber dem Mann. Zum Verhältnis von Mann und Frau stellt er zwei Grundfragen, die für sein ganzes Denken gelten, nämlich: Das Verhältnis von Ursache und Wirkung und das des Zweckes. Der Mensch – Adam als männlicher Mensch – entstammt dem Schöpfungswillen Gottes. Da zwei unterschiedliche Dinge nicht in der gleichen Ordnung nebeneinander stehen können, ist Eva dem Adam nachgeordnet. Sie ist ihm zur Gehilfin geschaffen worden. Das dem höchsten Prinzip Unterstellte ist geringer als das höchste Prinzip; der Mann untersteht Gott, er kann nicht dessen Qualitäten haben. Die Frau untersteht dem Mann und kann nicht dessen Qualitäten haben. Die Ableitung der zweiten Fragestellung führt zum gleichen Ergebnis: Fragt man nach dem Zweck des Wozu-Geschaffen-Seins, so ist in der biblisch-paulinischen Sprache zu folgern, daß das Weib des Mannes wegen geschaffen ist und nicht der Mann des Weibes wegen.

Nach Thomas ist also der Mann der vollkommene, vollwertige Vertreter der Art (Perfectum), die Frau das Unvollkommene (Imperfectum, Minusperfectum). Er beschreibt die Minderwertigkeit als eine dreifache: Die Minderwertigkeit im Werden (biogenetische Minderwertigkeit), im Sein (qualitative Minderwertigkeit) und im Tätigsein (funktionelle Minderwertigkeit).

Die biogenetische Minderwertigkeit

Thomas hat die dem Wissen seiner Zeit gemäßen biologischen Kenntnisse über Zeugung und Entwicklung des Menschen verarbeitet. Er nimmt an, daß der Mann bei der Zeugung der eigentlich Handelnde, das agens ist, das wirkursächliche Prinzip. Der Same des Mannes ist das Lebendige, was er der Frau in die Gebärmutter gibt; ihr Blut nährt passiv den Samen, das neue Leben. Die Wirkursache – hier der männliche Same – bringt immer aus sich, per se, etwas ihr gleiches hervor. Demzufolge bringt der Vater, wenn seine Natur stark genug ist, Söhne hervor. Zeugt er aber ein Mädchen, so sind es äußere Umstände (per accidens), das Sperma ist defekt, das Gebärmutterblut hat einen Fehler, oder es wehen die feuchten Südwinde. Damit ist das Mädchen »infolge Mißratens eines Knaben erfolgende Ersatzbildung der Natur«.

Die qualitative Minderwertigkeit

Thomas meint, die Frau sei weniger edel als der Mann; es mangelt ihr an Körperstärke wie an Seelenstärke. Die Frau hat eine geringere Körpertemperatur und größere Körperfeuchtigkeit. Es gebricht ihr an geistiger und sittlicher Kraft. Sie vermag weniger als der Mann, Begehrlichkeiten zu widerstehen. Das wichtigste weibliche Gefühl ist das der Lust oder der Unlust. Hier wird logisch verankert, was bei Augustin angelegt war: »Sie verhält sich zum Manne wie im Menschen die Sinnlichkeit zur Vernunft (ratio inferior), die sich um das Kleine, Zeitliche sorgt, zur höheren Vernunft (ratio superior), die sich um das Große, Ewige kümmert«.

Die funktionelle Minderwertigkeit

Die Geschlechtsfunktion wurde schon beschrieben. Der Mann stellt das formgebende Prinzip, das Sperma, die Frau das passive Prinzip, das Gebärmutterblut. Für die Zeugungsarbeit ist sie notwendige Gehilfin. Darüber hinaus ist Thomas der Auffassung, daß alle übrigen Arbeiten von Männern besser gemacht würden. Das betrifft auch die Erziehung der Kinder, die Bestellung des Hauswesens und insbesondere das Staatswesen.

Dem minderwertigen Stand entspricht das mindere Recht. Die Frau ist frei im Gegensatz zum Sklaven, ist aber nur mittelbar durch den Mann Bürgerin des Staates. Sie ist keine Vollbürgerin, sie kann keine Ämter einnehmen und hat weder passives noch aktives Wahlrecht. Im Hause ist sie unmittelbar tätig, aber der Mann regiert das Hauswesen. Der Mann hat die Leitung auch im persönlichen Bereich, er hat zu leiten, zurechtzuweisen und gegebenenfalls zu züchtigen. Er ist Erzieher, doch nicht Richter – das heißt, er kann seine Frau nicht entlassen oder töten. Eine Gleichstellung ist gegeben in den Gattenpflichten. Die Frau willigt in die Ehe ein, hier entscheidet sie selbst. Selbst Theologen (*Mitterer* 1933) fiel auf, daß die Stellung der Frau dem Sklaven bis auf wenige Details ähnlich ist.

Thomas schließt sich der Meinung Augustins an, der meinte, die Seele des Mannes falle durch die Berührung des Weibes herab, sein Leib gerate unter die Herrschaft der Frau und damit in eine Sklaverei, die bitterer ist als jede andere.

Dem asketischen Leben der Kirchenväter entspricht die Sehnsucht nach der reinen Frau, die kein Begehren auslöst, weil sie selbst

Schutzmantelmadonna, um 1470

Schöne Madonna, um 1400

nichts begehrt, daher die hohe Bewertung der Jungfräulichkeit als Frauenideal und als Stand. Gemäß dem hierarchischen Aufbau der Stände in der Gesellschaft wie auch der Hierarchie der Hilfe (s. Almosenwesen) findet man bei den Kirchenvätern wieder eine Hierarchie der weiblichen Stände. Der höchste Stand, der von einer Frau erreicht werden kann, ist die Jungfräulichkeit. Ihm folgt die Witwenschaft. Der dritte und niedrigste Stand ist der der Ehefrau.

Der *Jungfrauenspiegel (Speculum Virginum)*, ein in dieser Zeit weit verbreitetes Buch, diente als Leitfaden zur Erziehung der Frau. Keuschheit, Demut und Gehorsam stellen die Hierarchie der Tugenden dar. Der Verzicht auf die Entscheidung über die eigenen Bedürfnisse bedeutet Unmündigkeit. Frauen, die in dem Stand der Jungfrau bleiben, bedürfen der Leitung und Führung.

Im *Jungfrauenspiegel* findet man eine ausführliche Begründung für diesen hohen Stand der Jungfräulichkeit. Sexuelle Enthaltsamkeit ist verdienstvoll, weil sie ein »unblutiges Martyrium« darstellt. *Bernards* (1955), ein Kommentator des *Speculum Virginum*, zitiert *Hieronymus*, für den dieses Martyrium als Bekenntnis des Glaubens so viel zählt wie vergossenes Blut. Das *Speculum Virginum* versinnbildlicht die Jungfräulichkeit durch Lilie und Rose. Die Lilie ist Kennzeichen der Reinheit, die Rose Kennzeichen des siegreichen Kampfes, in dem Blut vergossen wurde. Die Jungfräulichkeit wird außerdem mit dem Stand der Engel verglichen. Die Wertschätzung gilt einer Elite: Es sind nur wenige Frauen, die den Weg der Jungfräulichkeit beschreiten.

Jungfräulichkeit ist das weibliche Gegenbild der männlichen Askese. Doch eine Besonderheit, die sich im klösterlichen Leben des Mönches und des Priesters nicht wiederfindet, ist der Brautgedanke. Die Jungfrau bleibt rein, für andere unantastbar, um nur Christus zu lieben und sich mit ihm zu verloben. In manchen Initiationsriten werden die jungen Ordensfrauen auch heute noch mit der Brautkrone geschmückt und erhalten den Ring als Zeichen der Verbundenheit mit Christus. Bereits im *Speculum Virginum* wird die mystische Lehre der Gottesgeburt weitergegeben: »Der einmal von der Jungfrau Maria dem Leibe nach Geborene wird von den gottgeweihten Jungfrauen nach dem Geiste immer wieder getragen und geboren, empfangen und gebildet« *(Bernards* 1955, S. 189). Die Reinheit der Jungfrau ist ihr eigenes Verdienst, doch ihre Unberührbarkeit für andere ist die Folge ihrer Vermählung mit

Christus. Sie wird als dem höchsten Herrn zugehörig verehrt, als seine Magd, nicht um ihrer selbst willen.

Dagegen argumentieren Verehrer des Mariendogmas. Sie betonen, daß gerade die Hervorhebung von Maria als Gottesmutter im Mittelalter die Stellung der Frau beeinflußt und begünstigt habe. Sie habe als Leitbild der Mütterlichkeit zum Schutze des Kindes und für alle Schwachen und Armen gewirkt.

Man muß jedoch nüchtern feststellen, daß gerade in der Zeit der großen Marienverehrung, im 12. Jahrhundert, das Bild der Gottesmutter keinen Einfluß auf die Wertschätzung der Mütter in dieser Zeit hatte.

Zeitgenössische Quellen, die sich mit der Frau als Mutter beschäftigen, sind außerordentlich spärlich ... Das Verhältnis von Marienkult und mittelalterlicher Vorstellung über Frauen als Mütter gehört zu den interessantesten Phänomenen. Angesichts der Marienkultblüte im 12. Jahrhundert und einer zunehmenden Verehrung der strahlenden Gottesmutter wie auch der schmerzensreichen am Fuße des Kreuzes lägen Entsprechungen beider durchaus nahe. Sucht man sie, so wird man enttäuscht, sie sind so gut wie nicht vorhanden. (*Shahar* 1981, S. 99)

Die Jungfraumutter erfüllt nicht, was wir als Mütterlichkeit empfinden: menschliche Nähe, körperliche Wärme, Erfüllung von Wünschen, die unser Vertrauen in die Welt stärken. Maria ist ein fernes Ideal, eine nicht berührbare hohe Frau, vor der die Menschen klein sind, sich in Demut beugen, weil sie sich unmündig und schwach fühlen. Auf den Mariendarstellungen finden wir ja auch das Gotteskind als Symbol für Größe, nicht als schutzbedürftiges Wesen. Unter dem Schutzmantel der Madonna bergen sich im folgenden auch nicht Kinder, Arme und Schwache, sondern die Ratsherren und Herrscher. Sie suchen Schutz und Vermittlung bei der Frau und Mutter, die Gottvater nahesteht.

3. Die Heilige: Elisabeth von Thüringen

Elisabeth v. Thüringen, hl. (Fest 19. Nov.), *1207 Burg Sáros Patak (Ungarn), † 17. 11. 1231 Marburg; Tochter Andreas II v. Ungarn u. seiner Gemahlin Gertrud v. Andechs, einer Tochter Bertholds IV v. Andechs; aus polit. Gründen schon einjährig mit dem späteren Landgrafen, Ludwig IV v. Thüringen verlobt, wurde sie 1211 v. Preßburg an den prachtliebenden Hof v. Thüringen gebracht u. hier durch die fromme Landgräfin Sophie, Tochter Hzg. Ottos I v. Bayern, erzogen. Mit 14 Jahren vermählt, schenkte sie in kurzer, glücklicher Ehe ihrem Gemahl 3 Kinder: 1222 Hermann, den späteren Landgrafen, 1224 Sophie, die spätere Herzogin v. Brabant u. Stammutter der Landgrafen v. Hessen, 1227 Gertrud, spätere sel. Äbtissin v. Altenberg. Nach dem Tod ihres Gemahls († 11. 7. 1227 als Kreuzfahrer) wegen Beraubung ihres Wittums genötigt, die Wartburg zu verlassen, litt sie bittere Not, bis ihre Tante Mechtild, Äbtissin v. Kitzingen, u. ihr Oheim, Bisch. Ekbert v. Bamberg, sich ihrer annahmen u. ihr Beichtvater, Konrad v. Marburg, ihr eine Abfindung in Geld u. in Gütern bei Marburg verschaffte. In Marburg err. sie bald darauf ein Franziskushospital, wo sie sich im aufopfernden u. entsagenden Dienst an Armen u. Kranken verzehrte. – Bemühungen Konrads v. Marburg u. ihres Schwagers, Konrads v. Thüringen, erwirkten bereits am 27. 5. 1235 ihre Heiligsprechung.

(*Lexikon für Theologie* 1962)

Elisabeth war bereits als Kind Werkzeug und Opfer politischen Kalküls. Sie wurde als einjähriges Kind verlobt und kam vierjährig als »Pfand« für dieses Versprechen an den thüringischen Hof, wo sie erzogen wurde. Den Berichten zufolge kam das Kind in einem prächtigen silbernen Bett nach Thüringen. Ihr zukünftiger Gemahl, selbst noch ein Kind, wurde zu ihr in das Bett gelegt. Die Kinder wuchsen miteinander auf. Sie sollen sich auch Bruder und Schwester genannt haben und sich in herzlicher Liebe zugeneigt gewesen sein. Aus ihrer Kindheit wird noch berichtet, daß Elisabeth mit ihren Gespielinnen jeweils nur einen Tanz mitmachte. Als früher Rückzug ins geistliche Leben wird dieses Verhalten gedeutet, könnte aber auch ein Hinweis auf Trauer und Ernsthaftigkeit eines früh verlassenen Kindes sein.

Über Elisabeths Beziehung zur Pflege- und späteren Schwiegermutter wissen wir nicht viel. Zu dieser Zeit kümmerten sich Frauen ihres Standes nicht persönlich um Kinder, und nach dem Tod ihres Mannes zog sich die Schwiegermutter in ein Kloster zurück. *Nigg* (1973) ist der Auffassung, sie habe mit diesem Schritt für das Leben ihres verschwendungssüchtigen Ehemannes büßen wollen. Die Motive können wir nicht nachprüfen, doch ist der Eintritt ins Kloster für schutzsuchende alleinstehende Frauen in dieser Zeit nicht ungewöhnlich.

Das Leben am Hofe muß sehr prächtig gewesen sein. Es gab Feste und Turniere. Minnesänger wurden eingeladen und hielten auf der Wartburg ihren Sängerwettstreit. Elisabeth war kostbar gekleidet, wie es einer Fürstin entsprach. Sie hatte Freundinnen und Gespielinnen. Mit vierzehn Jahren heiratete sie, mit fünfzehn war sie Mutter. Die Ehe mit Ludwig war glücklich. Das wird von den Berichterstattern hervorgehoben, weil es am Hofe ungewöhnlich war, daß Ehepartner so viel zusammen waren. Liebe zwischen Mann und Frau war bei der politischen Entscheidung über die Vermählung nicht selbstverständlich.

»Es trug aber St. Elisabeth zu ihrem Gemahl, Landgraf Ludwig, und dieser wiederum zu ihr eine so herzliche Liebe, daß keines lang ohne das andere sein mochte und konnte. An ihres Herrn Tische pflag sie an seiner Seite zu sitzen, wie das an anderen Fürstenhöfen nicht Gewohnheit war, pflag mit ihm zu essen und freundliche Gemeinschaft und Gespräch mit ihm zu halten. Da, wo ihr Herr war, folgte ihm St. Elisabeth nach, sei es nah oder ferne und scheute nicht Regen oder Frost.«

(Zit. n. *Busse* 1931, S. 50)

Hinweise auf ihre Zuneigung, auf die Spontaneität ihrer Gefühlsäußerungen geben Berichte über die Trennung von ihrem Mann, als dieser sie zum Kreuzzug verließ.

»Es geschah eines Abends, daß sie seinen Gürtel ergriff, ehe er dessen gewahr wurde. Da fand sie das Kreuz und erschrak so, daß sie zur Erde sank. Beim Herannahen der Stunde des Abschieds konnte sich Elisabeth von Ludwig nicht lösen, und sie begleitete ihn zwei Tagesreisen weit. Immer wieder schob sie die endgültige Trennung hinaus, und zuletzt mußte das Unvermeidliche doch sein. Elisabeth war ganz starr vor Schmerz und beinahe untröstlich, voller Tränen und Jammer schrie sie aus voller Kehle ›Weh mir armem Weibe‹! Alle Anwesenden waren über die

Maßen traurig, und der Berichterstatter bezweifelte, daß jemand beschreiben könnte, wie da Lieb und Leid verschlungen waren.« (*Nigg* 1979, S. 41)

Der Aufschrei »Weh mir armem Weibe!« ist Ausdruck einer gefühlsstarken und liebesfähigen Frau. In seiner Abwesenheit sehnt sie sich nach Ludwig und ängstigt sich um ihn. Da man bei Hofe ihre Zuneigung kennt und ihren Schmerz fürchtet, wird ihr der Tod ihres Mannes verborgen, so lange es geht. Schließlich teilt ihr die Schwiegermutter doch diese Nachricht mit.

»Darauf sagte die Schwiegermutter: ›Er ist gestorben.‹ Da faltete sie die Hände über den Knien und sagte in überaus großer Trauer: ›Gestorben? Dann ist mir die Welt gestorben und alles, was die Welt mir bieten kann.‹« (*Nigg* 1979, S. 90)

Aber die Trauer ist keine stille. *Nigg* berichtet, daß sie im Saal hin und her ging, weinend und schreiend, »wie recht ein Mensch, der von Sinnen ist«. Sie lehnte sich voll Verzweiflung auf, spürte und äußerte Wut darüber, verlassen worden zu sein. Sie wollte sich nicht ergeben und wollte nicht gehorchen. Ihr Beichtvater Konrad (von ihm wird noch die Rede sein) schalt sie: »Ist das Euer Frommsein, Frau Elisabeth? Kennt Ihr nicht mehr die Ergebung in des Schöpfers Willen?« Er wollte sie schon zu dieser Zeit zur »Vollkommenheit« führen, zum Verzicht auf Liebe und Bindung, zur Leugnung solcher Gefühle.

Doch selbst viel später, als Elisabeth sich ihrem Beichtvater längst ganz unterworfen hatte und das ihr zugefügte Leid als persönliches Opfer deutete, lebte ihr Gefühl der Sehnsucht weiter:

»Wenn ich ihn wieder haben könnte, würde ich ihn um den Preis der ganzen Welt nehmen; ich würde immer mit ihm betteln gehen. Aber gegen deinen Willen, du Gott bist mein Zeuge, will ich auch nicht ein Haar seines Lebens wieder haben. Ich empfehle ihn und mich deiner Gnade. Uns geschehe dein Wille.« (*Busse* 1931, S. 186)

Elisabeth hatte drei Kinder; das dritte wurde erst nach dem Tode Ludwigs geboren. Sie nahm die Kinder mit, als sie von der Burg vertrieben wurde. Das jüngste behielt sie gegen den Willen des Beichtvaters und gegen ihr Gelübde bei sich. Erst im Spital in Marburg trennte sie sich von ihm.

Wie ist aus dieser so »menschlichen« Frau eine »Heilige« geworden? Zunächst kann man Elisabeth ein tiefes Bedürfnis unterstellen, Armen nahe zu sein und ihnen mit eigenen Händen zu helfen.

Zu Lebzeiten ihres Gemahls pflegte sie mit ihren Dienerinnen Wolle zu spinnen und sie für die Kleidung der Minderbrüder und der Armen weben zu lassen. Auch für Täuflinge nähte sie eigenhändig, sorgte für die Taufe und hob sie aus dem heiligen Brunnen, um Patin über sie zu werden und ihnen in dieser Eigenschaft um so freigebiger Wohltaten erweisen zu können. Desgleichen nähte sie eigenhändig Totenhemden für die Bestattung von armen Verstorbenen; sie wusch und bekleidete sie selbst und nahm an ihrer Beerdigung teil. Einen großen, ganz weißen Schleier zerschnitt sie, damit er nur noch bei Begräbnissen (als Leichendecke) diene. Als sie einmal einen armen Kranken besuchte und ihn über einige Schulden klagen hörte, die er nicht bezahlen konnte, beglich sie diese für ihn. – Auch duldete sie nicht, daß die Leichen reicher Verstorbener in neue Leintücher oder neue Hemden gehüllt würden; sie sollten vielmehr in alten bestattet und die guten den Armen gegeben werden.

Oft besuchte und tröstete sie arme Frauen bei ihrer Niederkunft. Wenn Boten von solchen Wöchnerinnen und anderen Kranken mit einer Bitte zu ihr kamen, erkundigte sie sich nach deren Wohnung, um sich durch einen persönlichen Besuch bei ihnen zu Barmherzigkeit und Mitleid anzuspornen. Wie weit, wie schmutzig und beschwerlich die Wege dahin auch sein mochten, sie ging zu ihnen. Ohne Widerwillen vor Unsauberkeit betrat sie ihre ärmlichen Kämmerchen, brachte ihnen alles Notwendige, spendete Trost und erwarb sich den dreifachen Lohn für Arbeit, Mitleid und Freigebigkeit.

Mit ihren Dienerinnen versagte sie sich viel, um es den Armen spenden zu können. (*Nigg* 1979, S. 70)

Als Ludwig 1226 zur Zeit einer Hungersnot an den Hof zu Cremona abgereist war, verteilt sie die Jahresernte aus seinen Kornkammern an die Armen, aufgeteilt in tägliche Portionen, die das Schlimmste verhinderten.

Schranken zu Menschen ihrer Umgebung schafft sie auch gegenüber ihrer Dienerschaft ab. Sie bittet ihre Mägde, sie nicht mehr Herrin zu nennen, sondern einfach Elisabeth. Irmingard, eine dieser Dienerinnen berichtet, wie sie sich dagegen gewehrt hätte mit dem Hinweis, sie könne sich nur in ihrem Stande die Ewigkeit verdienen. Elisabeth habe lächelnd geantwortet: »Komm her zu mir und setz dich auf meinen Schoß«. Sie selbst will – inmitten des glänzenden Lebens am Hofe – wie die Armen sein. Vor ihren Mägden zieht sie manchmal alte Kleider an und sagt: »So werde ich einhergehen, wenn ich betteln gehen werde und um Gottes willen Elende aushalte« (*Busse* 1931, S. 97). Ihrem Mann sagt sie eines nachts: »Wir sollten ein gutes und armes Leben führen, durch das wir Gott dienen können. Ich wollte, wir hätten nur einen Acker Land und zweihundert Schafe. Ihr würdet das Land mit Euren Händen bebauen und ich würde die Schafe melken.« (*Nigg* 1973, S. 39).

Moderne Kommentatoren sehen darin einen Einfluß des weltlichen Ordens der Beginen und der Minderbrüder, des Ordens des Heiligen Franziskus. Ludwig hatte die Erlaubnis erwirkt, daß diese Brüder sich in Eisenach niederlassen durften.

Elisabeth überschreitet die Almosenregeln des *Thomas von Aquin* radikal. Sie sucht die Armen auf und wartet nicht, bis sich die Armen ihr »offenbaren«. Sie hilft über die direkt sichtbare Not hinaus. Sie hilft direkt und persönlich.

»Häufig besuchte sie auch die Eltern armer Kinder, sprach ihnen Trost zu, und so oft Boten von ihnen oder von anderen Kranken etwas von ihr wünschten, kam sie selbst in ihre Wohnungen, damit sie sich durch den Augenschein zu Mitleid und zu Geduld erzöge. Mochten deren Hütten auch weitab liegen und mochte der Weg auch schmutzig und steil sein, sie trat in ihre jämmerlichen Behausungen, scheute sich nicht vor dem Dreck, den sie dort fand, brachte ihnen das Notwendigste und tröstete sie.«
(*Busse* 1931, S. 77)

Nicht nur vom Superfluum will sie geben, sondern sie will all ihr Vermögen verschenken.

Solche Radikalität befremdet nicht nur die Standesgleichen am Hofe, sondern ihren Mann und vor allem ihren Beichtvater Konrad. Ja sogar die Armen verstehen manchmal nicht, was die Fürstin will. Als sie zeitweise – selbst verarmt – unter ihnen wohnt, halten sie Abstand zu ihr. Eine Legende berichtet, auf dem Kirchgang sei Elisabeth eine kranke Witwe begegnet, der sie oft Almosen gegeben habe. An einer engen Stelle, wo Steine zum Übergang durch tiefen Morast gelegt waren, wollte die Witwe nicht ausweichen und soll Elisabeth in den Kot gestoßen haben.

Erstaunlich ist, daß der Vertreter der Kirche Elisabeths Sorge um die Armen einzuschränken versucht. Man hätte erwartet, daß gerade ihre rückhaltlose Hilfsbereitschaft die Heiligsprechung bewirkt habe. Doch Konrad will – besonders nach dem Tode ihres Gatten – die Vergabe des Besitzes verhindern. Er kämpfte um ihr Erbteil und verschafft ihr als Witwe einen Schutzbrief des Papstes. In päpstlichem Auftrag wird er zu ihrem Vormund und Vermögensverwalter.

Noch zu Lebzeiten Ludwigs bindet sich Elisabeth durch ein Gelübde. Ihre Dienerin Isentrud sagt aus, »daß die Heilige Elisabeth zu Lebzeiten ihres Gatten und mit seiner Einwilligung dem Magister Konrad von Marburg ein Gehorsamsgelübde ablegte, mit alleiniger Ausnahme des Rechtes ihres Gatten, und sie versprach es Konrad, ihrem Beichtvater, in die Hand, daß sie ewige Keuschheit bewahren würde, wenn sie ihren Gatten überlebte« (*Busse* 1931, S. 123). Unter Konrads Einfluß zeigt Elisabeth dann jene Verhaltensweisen, die für die Heiligsprechung mehr ins Gewicht fallen als ihre Nächstenliebe: Unterwerfung, Kasteiung, Trennung von Kindern und Gefährtinnen. Elisabeth versteinert.

Konrad hat das Gelübde für seine Interessen genutzt.

»Nach der Gehorsamsleistung schrieb ihr Magister Konrad vor, nicht von solchen Einkünften ihres Gatten zu leben, über deren Herkunft sie nicht absolute Gewißheit hätte. Das Gebot hielt sie peinlich ein, so daß sie sich, selbst wenn sie bei Tisch an der Seite ihres Gatten saß, von all dem enthielt, was aus den Abgaben und den Steuern der Hörigen gekommen war, und sie aß von keiner Speise, wenn sie nicht wußte, daß sie von rechtmäßigen Einnahmen ihres Gatten herrührte.« (*Busse* 1931, S. 124)

Mit Gehorsam und Unterwerfung versucht Elisabeth, ihrem Gottesbild nahezukommen. Konrad unterstützt dieses Bemühen. Er verlangt Gehorsamsleistungen und eine Form der Verehrung, die über das hinausgehen, was in dieser Zeit ein Beichtvater von einer Fürstin erwarten darf.

»Auch als ihr Gatte noch lebte, war sie Magister Konrad so gehorsam, daß, als er sie einstmals zur Predigt bestellte und sie wegen der plötzlichen Ankunft der Landgräfin von Meißen nicht kommen konnte, er, Konrad, hierüber verletzt, einen Boten zu ihr schickte mit dem Bescheid, daß er wegen dieses Ungehorsams fortan sich nicht mehr um sie kümmern würde. Am folgenden Tage kam sie in großer Eile herbei und bat ihn demütig, daß er die Kränkung vergäße. Er aber wollte nicht; da fiel sie ihm zu Füßen, und sie und ihre Mägde, denen Konrad die Schuld daran gab, wurden bis aufs Hemd ausgezogen und heftig vom ihm geschlagen.« (*Busse* 1931, S. 133)

Elisabeth, die die Grenzen ihres Lebensbereiches auf der Burg überschritten hat, kann von sich aus keinen neuen Lebensraum finden. Sie läßt sich ganz in den geforderten Rahmen einschließen, den ihr Konrad verordnet. Sie treibt die Selbstkasteiung weiter als ihr Konrad befiehlt. Nachdem sie einmal diesen Weg beschritten hat, gibt es für sie selbst keine Schonung mehr.

»Nachdem sie dem Magister Konrad Gehorsam geleistet hatte, pflegte sie sich häufig von der Seite ihres Gatten zu erheben und sich in einem abgelegenen Gemach von den Händen ihrer Mägde heftig züchtigen zu lassen.« (*Busse* 1931, S. 124)

Konrad nützt den Gehorsam für sich und seinen kirchlichen Auftrag. Moderne Kommentatoren sind der Auffassung, daß es seine Idee war, das Marburger Spital zu bauen. Elisabeth will nach dem Erbstreit betteln gehen, wie die Minderbrüder auf der Straße leben. Konrad setzt sich mit seinen Plänen durch. In vielen Heiligendarstellungen wird Elisabeths praktisches Geschick gerühmt, das sie zweifellos in der Versorgung der Kranken beweist. Sie versteht aber sehr wenig von der Verwaltung eines Vermögens, von der Organisation eines Hauses.

Konrad verschweigt seine Rolle, wohl auch deshalb, weil für die Heiligsprechung Elisabeths Leistung herausgestellt werden muß. Elisabeth ist nicht, wie oft dargestellt, die Priorin des Spitals; sie wird zur Magd, die die einfachsten Arbeiten zu verrichten hat. In dieser Arbeit findet sie Erfüllung. Konrad hat Elisabeth sadistisch gequält.

Irmingard sagt aus: »Magister Konrad schickte nach Elisabeth, daß sie nach Altenberg käme, damit er mit ihr Rat hielte, ob er sie in ein Kloster tun sollte. Die Klosterfrauen erbaten nun von Meister Konrad, daß er bei der Ankunft der Elisabeth erlauben möge, die Klausur zu betreten und sie zu besuchen. Magister Konrad antwortete: ›Sie mag eintreten, wenn sie will‹, er glaubte nämlich fest, daß sie es nicht tun würde. Sie aber trat nichtsdestoweniger ein im Glauben, daß sie die Erlaubnis dazu habe und im Vertrauen auf frühere Erlaubniserteilungen durch Konrad. Als das Magister Konrad gewahr wurde, ließ er die Heilige Elisabeth herausrufen, zog das bereitgehaltene Buch heraus, erinnerte sie drohend daran, daß sie auf diesem geschworen habe, seine Befehle zu achten bei Strafe der Exkommunizierung; diese aber habe sie auf sich gezogen durch Betreten der Klausur. Und Schwester Irmingard, welche draußen geblieben war, weil sie nämlich nur nach Empfang des Schlüssels den Eingang zur Klausur geöffnet hatte, mußte sich zusammen mit der Heiligen Elisabeth hinstrecken, und dem Bruder Gerhard wurde befohlen, daß er sie beide mit einer recht groben und langen Gerte züchtige. Während der Zeit stimmte Magister Konrad ein ›Herr, erbarme dich unser‹ an. Und Irmingard sagte aus, daß sie noch nach drei Wochen die Spuren der Schläge an sich gehabt habe und noch länger die Heilige Elisabeth, weil diese noch heftiger als sie gezüchtigt worden war.« (*Busse* 1931, S. 232 f.)

Konrad verlangt schließlich auch die Trennung von ihrem jüngsten Kind.

»Er befahl auch, daß die Heilige Elisabeth ihr Kind, das eineinhalb Jahre alt war, völlig von sich täte, damit sie es nicht allzu sehr liebe, und damit sie durch es nicht am Dienste Gottes verhindert würde.«
»Und weil Magister Konrad ihr die Nichtachtung aller zeitlichen Werte anbefohlen hatte, bat sie Gott inständig, daß er ihrem Herzen die Verachtung aller weltlichen Güter lehre, daß er die Liebe zu ihren Kindern von ihr nehme und daß er ihr den Mut verleihe, die Verleumdungen zu verachten.«
»Und sie sagte zu ihrer Dienerin: ›Der Herr hat mein Gebet erhört und alle weltlichen Güter, welche ich ehemals geliebt habe, sind jetzt Dreck für mich. Ebenso rufe ich Gott zum Zeugen an, daß ich meine Kinder nicht mehr liebe als irgendein fremdes Kind. Ich habe sie Gott übergeben; möge er mit ihnen machen, was ihm gut dünkt.‹« (*Busse* 1931, S. 217)

Elisabeth muß sich von den Freundinnen trennen.

»Darauf, damit er sie noch mehr betrübe, schickte er diejenigen von ihrem Freundeskreis, die sie besonders liebte, fort, damit sie dadurch Schmerz empfände. So entfernte er auch noch mich,

Isentrud, die ihr so nahe stand, von ihr. Sie entließ mich mit unendlichem Kummer und vielen Tränen. Am Ende verbannte er meine Gefährtin Guda, welche von Kindheit an mit ihr zusammen gewesen war, die Elisabeth ganz besonders ans Herz gewachsen war. Die Heilige Elisabeth entließ sie mit Tränen und Seufzern.« »Ich befahl, daß sie mit drei Personen zufrieden sein solle, mit einem Konversen, welcher ihre Geschäfte führte, mit einem frommen, aber sehr abstoßenden Mädchen, mit einer adeligen Witwe, welche taub war und sehr streng, damit durch das Mädchen ihre Demut vermehrt und durch die strenge Witwe ihre Geduld geübt würde.« (*Busse* 1931, S. 220 f.)

Diese Trennung trifft Elisabeth besonders hart. Ihre Gefährtinnen haben ihr durch die ganzen Jahre ein Gefühl der Sicherheit gegeben, wohl auch ein Gefühl der Wärme und Geborgenheit.

Mit 24 Jahren stirbt Elisabeth ausgezehrt und getrennt von allem, was sie geliebt hat. Ihr Tod löst in der Bevölkerung große Trauer aus. Die Aufbahrung und Bestattung wird zu einem Fest der Verehrung mit all den Erscheinungen, die solche Feste damals mit sich bringen. Die Leute versuchen, Elisabeth zu berühren, ein Stück Kleidung von ihr zu ergattern. Es gibt Berichte von Wundern der Heilung sowohl bei der Bestattung als auch später an ihrem Grab. Dieses Grab Elisabeths wird Wallfahrtsort. Bereits drei Jahre nach ihrem Tod geht der römischen Kurie ein Antrag Konrads auf Heiligsprechung zu. Um diese Zeit ist die Heiligsprechung, die Kanonisation, Aufgabe des Papstes. Verlangt wird ein Bericht darüber, daß das Leben der Verstorbenen verehrungswürdig war; außerdem mußten Wunder geschehen sein. Beides bedarf der glaubwürdigen Bezeugung.

Die Unterlagen Konrads erscheinen der Kurie nicht sorgfältig genug. Eine Kommission kommt eigens nach Marburg und verhört 660 Zeugen. (Die meisten angeführten Zitate stammen aus diesem Verfahren). Das Verfahren gerät ins Stocken, als der Magister Konrad stirbt.

Da schaltet sich die Familie des Landgrafen Konrad, ihres Schwagers, ein. Es gibt einen Kurieraustausch und persönliche Kontakte zwischen ihm und dem Papst. Auf diese Weise wird nicht nur die Heiligsprechung Elisabeths geregelt, sondern auch die Besitzverhältnisse für die Hinterlassenschaft, vor allem für das Spital, werden geordnet. Man übergibt es nicht, wie Elisabeth gewünscht hat, den Johannitern, sondern dem Deutschen Orden. Konrad, der Schwager, wird selbst Mitglied dieses Ordens. Eine Kirche soll gebaut werden, für die der Papst einen Ablaß verleiht. Elisabeth und ihr Erbe gehen so zurück in die Hände und in den Besitz der Familie und der verfaßten Kirche.

Die Translation oder Erhebung des Leichnams der Elisabeth ist noch einmal ein großes Ereignis. Die Publikation der neuen Heiligen erfolgt Pfingsten 1235 in Perugia.

Wo der Papst sich in solchem Maße einsetzt, kann zu dieser Zeit der Kaiser nicht fehlen: Friedrich II. ist aus politischen Gründen bei der Erhebung in Marburg zugegen. Dem Ritus gemäß wird der Leichnam Elisabeths aus der Grabstätte genommen, präpariert und in einer feierlichen Prozession in der Kirche auf den Altar gehoben. Die Berichterstatter sind sich nicht einig, ob Friedrich den Leichnam selbst getragen habe. Er schritt jedoch im Büßergewand der Prozession voran. Zwölf Kardinäle sind ihm gefolgt. Dem gebleichten Schädel der Verstorbenen setzte er eine goldene Krone auf. Der geistlichen Ehrung folgt also die weltliche. Elisabeth wird den Herrschern dieser Zeit gleichgestellt. Was mit den Gebeinen Elisabeths sonst geschah, kann der Leser in der Geschichte der Reliquien verfolgen.

Die Verehrung der Volksmenge hat die Aufmerksamkeit der Herrschenden geweckt. Elisabeth wird durch die Kirche und die weltlichen Herrscher vereinnahmt, in dem sie sich an die Spitze der Verehrung stellen – das gilt für die Heiligsprechung durch die Kirche, und das gilt für die posthume Krönung durch den Kaiser.

Was erschien aber nun Kirche und Kaiser verehrungswürdig? Zitat aus einem Brief Friedrich II.:

»Selbst wenn Uns die Beweise für alle Wunder, die gleichwohl nicht bezweifelt werden, fehlten, so würde doch der Beweis des vorangegangenen Lebens den Ruhm des nachfolgenden Todes oder vielmehr der Unsterblichkeit auf offenkundige Weise erhärten. Wer wolle nicht glauben, daß sie der Heiligkeit äußerst würdig sei, da sie, um Magd zu werden, gehorsam bleiben wollte, und da sie es verlernte, zeitlicher Kinder Mutter zu sein, um Tochter des ewigen Vaters zu werden. Noch helleren Ruhm würde Unsere Stimme verbreiten, wenn Wir dem Verdacht des angenommenen Zeugnisses entgehen könnten, gleich als wenn Wir vorzugsweise Leben und Werk derjenigen empföhlen, die

Wir, wie gesagt, wegen des Glaubenseifers Unseres geliebten Vetters, des Landgrafen von Thüringen, mit aufrichtiger Zuneigung geliebt haben. Auch versinken wir bei ihrem Lobe nicht deshalb in Schamröte, weil wir im Strahlenglanz der kaiserlichen Majestät beim Lobpreis einer königlichen Frau verweilen«.

(*Beumann* 1981, S. 156)

Die ersten Heiligen der Kirche waren die Märtyrer, die um ihres Glaubens willen litten. Heilige sind die, die dem Leidensweg Christi folgen. Es ist nachweisbar, daß Elisabeth, indem sie die Grenzen der mittelalterlichen Konvention des Helfens überschritten hat, an ihrer Passion für die Armen litt. Dieses Leid wird bei der Heiligsprechung nicht erwähnt. Hervorgehoben werden die Formen des Leidens, die ihrer Vervollkommnung dienen sollen. Gerühmt wird die Selbstaufgabe, das Entsagen der Weiblichkeit. Elisabeth gelobt Keuschheit und Gehorsam, sie gibt ihre Kinder weg, sie wird zur Magd, sie quält sich selbst und läßt sich quälen. Die Aufgabe des eigenen Willens soll Raum schaffen für den göttlichen Willen – so sehen es sie selbst und die, die sie heiligsprechen. In der Wirklichkeit wird der Wille Elisabeths ersetzt durch den Willen ihres Beichtvaters. Es ist kein Vorgang, der in diesem besonderen Verhältnis zwischen Konrad und Elisabeth liegt, sondern eine Form von Machtausübung und Unterwerfung, wie sie in diesem Bereich geübt wurde. Im Brief Kaiser Friedrichs II. (s. Zitat) wird der patriarchalische Herrschaftsanspruch überdeutlich. Die Idealisierung Elisabeths hält das Bild der Frau fest, die allem persönlichen Anspruch und ihrer Selbständigkeit entsagt hat. Ein solches Bild ist lange vor Elisabeth formuliert worden (s. oben zum Frauenbild der Kirchenväter). In dieser Idealisierung finden die Armen keine Erwähnung mehr.

Es ist grotesk zu sehen, wie Heiligsprechung und Überlieferung letztlich verfälschen, was Elisabeth wollte. Nach der Erhebung wird ein Teil ihrer Gebeine in Gold gefaßt. Elisabeth hat sich um die Würde der Armen auch im Tode gesorgt. Sie näht Hemden für sie, damit sie bestattet werden können. Sie ist aber, wie die Berichterstatter bezeugen, auch in diesem Bereich gegen Verschwendung, sie gibt den Toten die alten Hemden, die guten Hemden sollen den Lebenden bleiben, damit sie noch benutzt werden können. Elisabeth wollte keine Krone, sie wollte auch nicht erhoben werden – es war ja ihr dringender Wunsch, auf einer Stufe neben den Armen,

Elisabeth speist die Hungrigen. Relief vom Elisabethschrein in Marburg

neben ihren Dienerinnen stehen zu können. In den überlieferten Geschichten und Bildern aber ist sie die Fürstin, die von der Burg herunterkommt zu den Armen. Sie ist die Hohe Frau, die sich der Armen erbarmt, sich zu ihnen hinunterbeugt. Damit ist die paternalistische Form der Hilfe, die Hierarchie der Hilfe, die Elisabeth überwinden wollte, wieder hergestellt. Wer gibt, ist höher, als wer empfängt. Der Wohltäter ist mehr zu achten als der, der die Almosen bekommt.

Was wissen wir nach all diesen Berichten von der wirklichen Gestalt *Elisabeth?* Sie war

- eine Frau, die ihren Mann liebte, die an ihren Kindern hing,
- eine Fürstin, die sich ihres Reichtums nicht mehr freuen konnte, nachdem sie begriffen hatte, was Armut bedeutet,
- eine Frau, die konkret half, sich verausgabte, die mit anderen teilen wollte, was sie besaß,
- eine Frau, die in ihrer Passion für die Armen und Verlassenen neue Möglichkeiten der Hilfe erschloß; sie half direkter, umfassender und radikaler,
- eine Frau, die mit den Konflikten ihrer Umwelt nicht zurecht kam,
- eine Frau, die Hilfe brauchte und suchte für ihre Zweifel und für ihre Pläne,
- eine Frau, die Schutz und Hilfe fand in der Kirche, die ihr das bot, was sie zu dieser Zeit schutzsuchenden Frauen bieten konnte, einen Beistand nach außen, die sie aber für Eigeninteressen vereinnahmte.

4. Die Hexe

Konrad, der Beichtvater der Heiligen Elisabeth, war auch Inquisitor, der erste auf deutschem Boden. Von Papst Innozenz III. entwickelt, unterschieden sich die Inquisitionsprozesse wesentlich von zeitgenössischen Gerichtsverfahren. Der Inquisitor war an keine weltliche Macht gebunden. Er wurde von sich aus tätig; der römische Grundsatz »wo kein Kläger, da auch kein Richter« galt nicht. Als Zeugen wurden auch Personen zugelassen, die bei anderen Prozessen ausgeschlossen waren, z. B. geständige Mitangeklagte, die für sich einen Vorteil daraus zu ziehen versuchten. Ob die Angeklagten gestanden oder nicht – waren sie für schuldig befunden, wurden sie hingerichtet.

Die Inquisition war eine kirchliche Institution, die der Bekehrung und wenn das nicht gelang, der Verfolgung und der Ausrottung der Häretiker, der Ketzer diente. Den Ketzern wurde nicht nur ein falscher, anderer Glauben nachgesagt, sie hatten den Gegenspieler Gottes, den Teufel als ihren Herren. Der Teufelsglaube war Realität wie der Gottesglaube. Die Verfolger der Ketzer handelten nicht allein aus dem Glauben, sie stritten gleichsam für ihren Herrn gegen dessen größten Feind. Der Teufel, der abgefallene Engel Gottes, trieb sein teuflisches Werk durch die Häretiker, die Ketzer.

Die Verfolgung der Ketzer durch die Inquisition ist in mehrfacher Hinsicht für die mehrere Jahrhundert späteren Hexenprozesse aufschlußreich. Aus den erpreßten »Geständnissen« der damals verfolgten Andersgläubigen wurde eine dämonische Gegenwelt zur religiösen Welt in eindringlichen Bildern geschildert, die bei den Hexenprozessen wieder auftaucht *(Zacharias* 1982, S. 83f.). Konrad von Marburg schickt dem Papst anschauliche Berichte über das angebliche Treiben der Ketzer *(Soldan/Heppe* 1911, S. 142f.). Beim Ketzersabbat, der in seinen wesentlichen Punkten dem Hexensabbat entspricht, erscheint der Teufel in Tiergestalt. Novizinnen und Novizen geloben Treue, sie schwören ihrem bisherigen Glauben ab. Die Verehrung zeigt sich in der Erniedrigung vor dem neuen Herrn, im Kuß auf das Hinterteil des Tieres. Bei dem anschließenden Fest ißt man gemeinsam und treibt »Unzucht ohne Rücksicht auf Verwandtschaft«. Ketzer und Hexen sind forthin Eigentum dieses Herrn, sie gehorchen seinen Befehlen. Ohne Zweifel ist diese Sabbatvorstellung das Gegenbild zu den christlichen Ritualen, der Aufnahme in die Gemeinde oder den Orden mit der Meßfeier.

Die Spaltung des Frauenbildes entspricht der Aufteilung der Herrschaftsbereiche. Hexen und Heilige sind Dienerinnen im jeweiligen Herrschaftssystem, sie haben in der hierarchischen Gliederung keine Kraft aus sich selbst, sie vollziehen den Willen ihres Herrn.

Die Nachfolgerinnen der jungfräulichen Gottesmutter sind die jungfräulichen Nonnen, aber auch die Heilige Elisabeth, die sich von der natürlichen Liebe zu Mann und Kindern trennt. Durch die Aufnahme in den Orden – bei der »Profeß« werden sie Christus als

Bräute verlobt – sind sie gleich den weltlichen Ehefrauen diesem Bräutigam zu eigen – in der Sprache des Glaubens: Sie sind bestimmt, ihn stets aufs Neue zu empfangen und zu gebären.

Hexen sind Gott Ungehorsame, sie sind Dienerinnen des Teufels, auch sie verschreiben sich ihm durch Vertrag. Auch sie werden in der »Teufelsbuhlschaft« ihrem Herrn übereignet, sie sind ihm hörig.

Dem immer wieder neuen Liebesmahl (Messe) der Vergewisserung und Begegnung der jungfräulichen Nonne mit ihrem Herrn entspricht bei den Hexen der Hexensabbat auf dem Blocksberg – er ist der Ort der Begegnung, Ritual und Feier.

Die heiligen Frauen sind »entsinnlicht« auf das geistige Leben ausgerichtet, Demut und Selbstaufgabe werden idealisiert. Die Hexen werden »sexualisiert«, sie sind besessen von archaisch perversen Triebregungen, ihre weibliche Stärke wird dämonisiert.

Bei *Jakob Sprenger,* Prior der Dominikaner, finden sich die beiden Seiten des Frauenbildes wieder. Sein Name wird gerühmt in der Geschichte der Marienverehrung, in der Geschichte der Hexenverfolger gilt er als einer der grausamsten Inquisitoren. Er hat mit *Institoris* zusammen den Hexenhammer (1486) verfaßt. In diesem Buch ist alles zusammengefaßt, was es an Hexenglauben zu der Zeit gab. Zugleich bietet dieses Werk detaillierte Anweisung, wie mit den Hexen zu verfahren ist. Im Jahr 1475 hat *Sprenger* in Köln eine Rosenkranzbruderschaft gegründet, zum Dank und in Verehrung der Himmelskönigin, die die Stadt aus Kriegswirren gerettet haben soll *(Beissel* 1972). Bei einem großen Fest mit Bittprozessionen war auch Kaiser Friedrich III. anwesend, er schrieb sich mit seiner Familie in die Bruderschaft ein. Aus diesem Anlaß wurde ein Votivbild angefertigt »... worin unter dem ausgebreiteten Mantel der Mutter Gottes Kaiser und Papst mit allen anderen Vertretern der Christenheit knieten. Sie beteten und trugen Rosenkränze in den Händen. Maria hielt auch solche Kränze und zeigte sich bereit, sie an alle auszuteilen, die danach verlangten« *(Beissel* 1972, S. 544).

1476 hat er ein Rosenkranzbüchlein verfaßt, in dem er die Ordnung dieser Bruderschaft niederlegte, er schreibt über die Gottesmutter:

».. schwören wir als christgläubige Menschen zusammen, das Lob der würdigen Jungfrau Maria zu mehren und auszubreiten in der Gesellschaft. Darum macht eilend Kränze, bevor sie gehen, die Rosen abreißen und vergehen. Lasset uns nachlaufen dem wohlriechenden Geschmack der Jungfrau mit so wohlschmekkenden Kränzen bis an den Ort, wo Maria jetzt ist und den Reihen aller reinen Herzen führt, nachfolgende dem Lamm zum Brunnen des lebendigen Lebens.« (*Sprenger* 1476/1897)

Maria ist hier entsinnlichte Mittlerin zwischen Menschen und Gott.

Die dritte Funktion Jakob Sprengers muß zum Verständnis noch erwähnt werden. Er war Reformator seines Ordens zu Beginn der Neuzeit, einer Zeit, in der die Lebensformen sich wandelten. Es entstand eine Form freieren Lebens. Mit dem neuen Lebensgefühl verbunden war die Entbindung der Sinnlichkeit.

Die Reform richtete sich gegen die Lockerung der Lebensformen im Orden. Mit unnachgiebiger Strenge überwachte sie die Wiedereinführung der alten monastischen Regeln, Keuschheit, Gehorsam und Armut.

Wie der erste Inquisitor, Konrad von Marburg, führte Jakob Sprenger einen doppelten Kampf zur Erhaltung und Mehrung der Macht der Kirche. Er sammelte die Gläubigen in der Bruderschaft, er vernichtete die Feinde durch Inquisition, er disziplinierte die Brüder seines Ordens. Die mächtigsten Verbündeten seines Gegners waren die nicht zu domestizierenden Frauen, die Hexen.

Hexen sind schlimmer als Ketzer. Sie sind nicht nur ungehorsam, sie schaden den Mitchristen (Maleficium). Sie sind gefährlich, weil »sie sich in wilder Lust auf jegliche Schädigung der Seelen wie der Körper der Menschen und Tiere mit dem ganzen Geiste der Bosheit stürzen« (*Sprenger* 1486, I, S. 181). Der Hexenhammer liest sich in diesem Teil dämonisierter weiblicher Sinnlichkeit wie ein Inventar der Männerängste. Ganz im Sinne der Augustinischen Sorgen um die Wiedergewinnung der Kontrolle über alles »Unwillkürliche« wird ein starkes Gefühl bereits auf Hexerei zurückgeführt. Hexerei wird vermutet, wenn jemand ein schönes, ehrbares Weib hat und ein anderes Weib liebt. Ist er trotz Schlägen und Argumenten nicht davon abzubringen, muß ein Wahnsinn vorliegen, der durch Hexenzauber hervorgerufen wird. Die Frau wird als Hexe entlarvt, die die eheliche Ruhe bedroht.

Die Bedrohung männlicher Zeugungskraft durch Hexen ist ein Hauptthema: Im ersten Buch des Hexenhammers sind ihm zwei Kapitel gewidmet, im zweiten Buch noch einmal drei. Auch bei den

Gegenmaßnahmen gegen die Hexenkraft wird dieses Problem ausführlich erörtert. Die Hexen können den Mann für immer impotent machen, indem sie ihm das Männliche weghexen. In der Regel werden rachsüchtige verlassene Geliebte als Hexen dingfest gemacht. Andere Hexen betreiben diese Arbeit in Serie, sie sammeln männliche Glieder in Vogelnestern:

Was endlich von denjenigen Hexen zu halten sei, welche bisweilen solche Glieder in namhafter Menge, zwanzig bis dreißig Glieder auf einmal, in ein Vogelnest oder einen Schrank einschließen, wo sie sich wie lebende Glieder bewegen, Körner und Futter nehmen, wie es von Vielen gesehen ist und allgemein erzählt wird, so ist zu sagen, daß alles dies durch teuflische Handlung und Täuschung geschieht; denn also werden in der angegebenen Weise die Sinne der Sehenden getäuscht. Es hat nämlich einer berichtet, daß, als er das Glied verloren und er sich zur Wiedererlangung seiner Gesundheit an eine Hexe gewandt hatte, sie dem Kranken befahl, auf einen Baum zu steigen und ihm erlaubte, aus dem (dort befindlichen) Neste, in welchem sehr viele Glieder lagen, sich eines zu nehmen. Als er ein großes nehmen wollte, sagte die Hexe: »Nein, nimm das nicht«; und fügte hinzu, es gehöre einem Weltgeistlichen.

(*Sprenger* 1486, II, S. 85)

Zweifellos ist dieses Bild der Hexe Ausdruck der Angst vor Kastration. Der Hexe wird geradezu unermeßliche, ungreifbare besitzgierige Lust an der männlichen Potenz zugeschrieben. Als Motive gelten bei den Hexen Neid und Rachsucht. In dieser Kastrationsangst spiegelt sich die Angst des asketischen Mannes vor der Verführung durch die Frau, die seine Macht und Kraft bedroht. Auch Schuldgefühle gegenüber der unterdrückten Frau spielen bei diesen projizierten Aggressionen eine Rolle. Zur Hexe, die sich nach dem Phallus sehnt und sich diesen erhext, gehört auch die fliegende Hexe auf dem Besen. Sicher können Flugerlebnisse nicht auf diesen Zusammenhang reduziert werden. Auch Diana flog mit ihren Gefährtinnen durch die Luft. Und es ist nachgewiesen, daß Flugerlebnisse durch die halluzinatorischen Wirkungen von sogenannten Hexensalben hervorgerufen werden können.

Doch das Bild der Hexe auf der Rute ist das Bild einer Frau, die sich des geraubten Phallus bedient. Der Begriff der Rute war in dieser Zeit ein Penissymbol. Auch bei den Fruchtbarkeitsritualen

»Drei Hexen beim Einsalben«, Hans Baldung Grien, 1514

auf den Feldern wurde sie mitgeführt und galt als männliches Symbol der Fruchtbarkeit. Im Grunde zeigt sich in diesem Bild aber auch wieder ein Zug der Abwertung weiblicher Kraft. Die Hexe ist nur dadurch mächtig, daß sie sich männlicher Potenz bedient.

Weniger ausführlich als die männliche Fruchtbarkeit wird die Sorge um die Gebärfähigkeit der Frau behandelt. Die Verfasser des Hexenhammers berichten über Fälle von Unfruchtbarmachung durch Hebammen und durch Störungen des ehelichen Verhältnisses, weil sich weibliche und männliche Dämonen sichtbar oder unsichtbar zwischen das Paar drängen. Größtes Mißtrauen haben die Verfasser jedoch gegenüber den Hebammen. Ihnen schreiben sie unermeßliche Hexenkraft zu: »Niemand schadet dem katholischen Glauben mehr als die Hebammen, denn wenn sie die Kinder nicht töten, dann tragen sie, gleich als wollten sie etwas besorgen, die Kinder aus der Kammer hinaus und sie in die Luft hebend, opfern sie dieselben den Dämonen« (*Sprenger* 1486, I S. 158). An anderer Stelle berichten sie von Hebammen, die die Kinder aufessen: »Aus dem Munde des erwähnten Inquisitors habe ich erfahren, daß im Herzogtum Lausanne einige Hexen Kinder gekocht und gegessen haben« (*Sprenger* 1486, II S. 31). Eine andere Hexe berichtet beim Verhör, daß sie von ihrer Mutter entdeckt und geschlagen worden sei, weil diese in einem Topf so viele Kinderköpfe fand. Auch wenn man einschränkend bedenkt, daß Mutterliebe als Gefühl, wie wir es heute kennen, in dieser Zeit fremd war, so sind auch für diese Zeit solche Schandtaten ungeheuerlich. Daß eine Frau Kinder auffrißt, sie tötet, um aus ihren Gebeinen und aus dem Fett Salben zu machen, ist auch zu dieser Zeit eine grauenhafte Vorstellung (ebd., S. 32).

Diese Dämonisierung ist die Verkehrung der mütterlichen Liebe und Sorgfalt für das Kind in ein Ungeheuer. Die fressende Hexe wird zum dämonischen Gegenbild der idealisierten Schutzmantelmadonna.

Es ist kein Zufall, daß gerade die Hebammen den Dämonisierungsexzessen zum Opfer fielen. Sie repräsentierten den Typus der wissenden, starken Frau. Hebammen wußten, wie man Kinder zur Welt brachte und wie man sie verhindern konnte. Nach den Forschungen von *Diepgen* (1963) sah seit Urzeiten die kranke Frau die naturgegebene Helferin in der erfahrenen älteren Geschlechtsgenossin, besonders bei Geburten und gynäkologischen Beschwer-

Titelbild des Hebammenbuches von J. Rueff, »De Conceptu«, 1580

den. Daraus entwickelte sich ein weiblicher Heilberuf. Im Mittelalter hatte die Hebamme nicht nur ein umfangreiches Wissen über Diagnosen und Therapien, sondern auch einen relativ hohen Status im Gemeinwesen.

Bis zum Hochmittelalter konnten die Frauen ihrer Betätigung ungehindert nachgehen, später gab es kirchliche und weltliche Verordnungen. Den Wissensstand der Hebammen kann man auch darin bestätigt sehen, daß es Berichte gibt, die zeigen, daß der Arzt der Hebamme assistierte.

Sicher war die gebildete Hebamme im Mittelalter auf dem Wege zur Frauenärztin. *Walther Schönfeld* hat an vielen in seinen Quellen mit Namen genannten Frauen gezeigt, daß im Mittelalter nicht wenige Frauen die Heilkunde mit ihren Teilgebieten als freies Gewerbe oder in anderen Stellungen betrieben haben, darunter manche hochgebildete und geehrte, andere wenig angesehene und der Kurpfuscherei verdächtige. (*Diepgen* 1963, S. 223)

Eine direkte Verbindung zur Kirche war mit dem Auftrag der Nottaufe gegeben. Die Hebamme war verpflichtet, gefährdete oder auch tote Kinder noch zu taufen. So führte sie auch bei sterbenden oder toten Müttern den Kaiserschnitt durch, um das Kind retten und taufen zu können. *Diepgen* meint, daß ein Überleben der Mutter zu dieser Zeit nicht möglich war.

> Doch stellte der pflichtmäßige Kaiserschnitt an der Toten im Hebammenberuf sicher insofern ein förderndes Element dar, als er Kaltblütigkeit, schnelles Handeln und technische Geschicklichkeit erforderte und dadurch die Bereitschaft zu den kleineren operativen Eingriffen erleichterte, die von den Hebammen gemacht wurden, wie die Entfernung von Atresien, Eröffnung von Abszessen, Teilabtragungen von nekrotischen Partien an der Portio, von Polypen ... (*Diepgen* 1963, S. 224f.)

Diepgen führt für die weitere Entwicklung aus: »Der Übergang der gesamten praktischen Gynäkologie aus den Händen der Frauen in die des Arztes vollzog sich nur langsam und nicht ohne Widerstände« (1963, S. 225).

Aus den Quellen wird damit ersichtlich, daß die Hebamme eine kluge, weise Frau war, die nachbarschaftlich half, aber auch einen weiblichen Beruf innehatte. Die Hebamme war gleichsam in jedem Haus bekannt, sie hörte und wußte viel. Sie wurde, wie heute die Ärzte, auch ins Vertrauen gezogen, wenn es um seelische Probleme ging. So war sie im Gemeinwesen natürliche Gegenspielerin der Beichtväter. Die Abwertung der Hebammen in der späteren Zeit wird verständlich: Einmal waren sie Konkurrentinnen der Ärzte, zum anderen konnte man ihnen leicht veraltetes Wissen und Aberglauben vorwerfen, weil sie – von der Entwicklung der neuen Wissenschaften ausgeschlossen – alte Praktiken beibehielten. Was wäre wohl geschehen, hätte man Frauen zu dieser Zeit an Universitäten zugelassen? Aber gerade diese mögliche Entwicklung wurde durch die Verfolgung abgebrochen.

Die Angst der Kirchenmänner und ihre Projektionen wurden sicher noch begünstigt durch mangelndes Wissen über Empfängnis und Geburt. Der Haß gegen Hebammen speist sich aber auch aus der Ablehnung aller Vorgänge, die mit der Genitalität zusammenhängen. Die führenden Inquisitoren lebten in klösterlicher Klausur, getrennt nicht nur von Frauen, sondern von Eltern und Geschwistern. Es muß für diese mächtigen Männer eine tiefreichende Kränkung gewesen sein, trotz ihrer Macht und ihrem verbissenen Streben nach männlicher Unabhängigkeit, auf Frauen angewiesen zu sein.

An der unbeschreiblichen Brutalität der Hexenprozesse kann man ermessen, welche Bedrohung die Inquisitoren durch die wissenden Frauen erlebt haben müssen. Eva, die nach *Augustin* teilhatte an der Verführung der Schlange, ist jetzt die entfesselte Teufelsbraut. Die Anhäufung von Schreckensmeldungen im Hexenhammer dient der Information der Leser, sie gibt jedoch auch Auskunft über die Grandiosität der selbstgestellten Aufgabe. Bei der Herleitung der Hexe über die Eigenschaften der Frau überschwemmt das gesammelte Material die scholastische Form der Beweisführung. Die Autoren reihen eine Unzahl von Aussagen des Frauenhasses aneinander von Schriften der Antike über das alte Testament bis zum Mittelalter. Man kann aus diesen Aussagen folgende Verhaltensweisen herauslesen:

- *Die Frau hat weniger Glauben.* Femina kommt von ›fides‹ (›Glaube‹) und ›minus‹ (›weniger‹).
- *Die Frau lügt und täuscht.* Sie hat eine schlüpfrige Zunge, sie ist ein Tier und täuscht, weil sie aus der krummen Rippe des Mannes stammt.
- *Die Frau hat weniger Glauben.* Femina kommt von ›fides‹ (›Glaube‹ und ›minus‹ (›weniger‹).
- *Die Frau ist nicht zu halten in ihrem Zorn und in ihrer Rache.*
- *Die Frau ist unersättlich in ihrer Begierde, sie läßt sich mit Dämonen ein.*

Die schrecklichen Einzelheiten von Folter und Hinrichtung sollen hier nicht ausgebreitet werden. Sie sind Dokumente männlichen Hasses auf die Kraft von Frauen. Das Frauenbild der Autoren des Hexenhammers leitete präzise das Verfahren im Prozeß:

- *Die Frau gehorcht nicht:* Die Hexe muß im Turm eingeschlossen werden, damit sie nicht entfliehen kann.
- *Die Frau lügt:* Man muß die Hexe streng befragen. Man kann sie überlisten, auch mit falschen Zeugnissen.
- *Die Frau ist abergläubisch:* Man muß ihr Geständnis genau vorgeben.

– *Die Frau ist unmäßig in ihren Gefühlen:* Man muß die Hexe im Gefühl treffen, ihr Schmerz zufügen. Daher die Folter.
– *Die Frau ist begierig:* Man muß sie dort foltern, wo sie am empfindlichsten ist.

Ein Dominikaner dieser Zeit, *Friedrich von Spee,* hat in der Schrift »Cautio Criminalis« (1647) die Motive der Inquisitoren erstaunlich psychologisierend gedeutet: Habgier, Mordgier, Perversion. Es ist die dunkle Kehrseite von Selbstlosigkeit, Demut, Keuschheit. Als Beichtvater der Hexen sah von Spee die Qual und das hilflose Unverständnis der Frauen »Liebe Herren, was soll ich getan haben?«

Die Frauen konnten der Logik der Anklage und des Prozesses nicht folgen. Friedrich von Spee meint, die angeklagten Frauen seien »arme dumme Weiblein«. Sie waren für diesen scharf denkenden, klug argumentierenden Geistlichen »dumm«. Sie waren mit dieser Welt des Denkens und der theologischen Vorstellung nicht vertraut, sie konnten nicht mitreden. Sie waren arm, sie litten, und darin unterschied von Spee, der Beichtvater, sich von seinen Mitbrüdern: Ihre Leiden waren für ihn unerträglich. Gehörte er doch auch zu den Gedichte- und Liederschreibern der beginnenden Neuzeit, die das natürliche Leben zu betrachten, zu bewundern und zu besingen begannen. Er schrieb ein langes Gedicht über das Schlagen der Nachtigall *(Trutznachtigall).* Er liebte die Kreatur und damit auch die Körperlichkeit des Menschen. Er war nicht mehr nur Seelsorger, er war besorgt um den ganzen Menschen. Mit aller Kraft seines theologisch und juristisch geschulten Denkens und Redens, aber auch mit aller Leidenschaft argumentierte und stritt er gegen die Logik und Praxis der Hexenprozesse. Er suchte die Verantwortung der weltlichen Machthaber zu wecken. Er hat zu seiner Zeit vergeblich gekämpft. Er veröffentlichte seine ›Cautio Criminalis‹ unter einem Pseudonym, ein Hinweis auf die Gefahr solcher Argumente in dieser Zeit.

Ist dieses Bild der Hexe nicht zu eng? Gab es nicht die Zauberin, die weiter der alten keltischen Göttin diente *(Murray* 1952)? Das Christentum hat die alten Religionen getilgt oder überformt. Zur Zeit der großen Verfolgung, auf die ich mich beziehe, liegt der beschriebene Hexenglaube fest. Er beruht eindeutig auf christlichen und sogar theologisch rationalisierten Vorstellungen, so daß eine heidnische Göttin nicht herangezogen werden muß.

Frauen lebten in dieser Zeit in ihrem eigenen Lebenskreis. Sie scheinen eine eigene Form des Zusammenlebens, eine Frauenkultur gehabt zu haben. Frauen waren vom Bildungsgeschehen der Kirche getrennt, wenn sie nicht in Klöstern lebten. Die Universitäten waren für sie geschlossen. Sie hatten gerade im ländlichen Haushalt eine Fülle von Aufgaben und Verantwortung, sie hatten Erfahrungswissen, das mündlich weitergegeben wurde. Sie wußten um Nutzen und Schädlichkeit von Kräutern und Pflanzen für die Gesundheit von Mensch und Tier. Sie wußten offenbar auch etwas von der Übertragbarkeit von Erkrankungen, über die Bedeutung von Hygiene, das zeigt das Auswaschen und Ausräuchern der Ställe und das Abheben des Bodens, wenn ein Tier aus unerklärlichen Gründen verendete. Sie unterstützten sich wechselseitig bei der Arbeit, sie feierten gemeinsam Feste, vor allem dann, wenn ein Kind geboren wurde. Sie versammelten sich auch bei besonderen Festtagen. Die meisten Beispiele über Zauber im Hexenhammer lassen sich auf diese natürliche Lebenserfahrung zurückführen. Dieses gemeinsame Leben der Frauen war den Männern, vor allem den Theologen verschlossen, sie verstanden das »Treiben« der Frauen sowenig, wie diese deren Logik.

Betrachtet man die Bilder des Hexensabbats und die Beschreibung dieses Festes, so wird sinnfällig, daß hier unterdrückte oder noch ungebrochene Lust und Lebensfreude sich Ausdruck verschafften. Es ging offenbar »ausgelassen« zu, wenn Frauen miteinander feierten. Sie nutzten das Wissen um die Wirkung von Pflanzen zur Steigerung ihres Erlebens. Wichtig war besonders die Bewegung im Tanz, wenn sie über Stunden im Kreistanz tollten, sich mit Essenzen – der Hexensalbe – einrieben. Dann war ihnen vielleicht so, als flögen sie in wilder Jagd durch die Luft!

5. Idealisieren und Dämonisieren als Domestizierung der Frau

Elisabeth war eine starke Frau: Sie setzte sich über gesellschaftliche Schranken hinweg und lebte für die Armen. Unglückliche Umstände machten sie anfällig für Unterwerfung; sie suchte Sicherheit und bezahlte mit dem Verlust ihres Frauseins. Bewundert wurde sie im Volk für ihre Nächstenliebe; heiliggesprochen wurde sie für ihre Selbstverneinung. Die Idealisierung bedeutete Zerstörung ihrer Kraft.

Die Hebamme war eine wissende Frau: Sie half anderen Frauen und setzte sich über männliche Wissensherrschaft hinweg. Das machte sie anfällig für männliche Projektionen und Verfolgung. Sie wurde verteufelt. Die Dämonisierung kostete sie das Leben.

Idealisierung wie Dämonisierung sind verschiedene Formen der Unterdrückung. Adorno und Horkheimer haben den Zusammenhang klar herausgearbeitet:

> Der Affekt, der zur Praxis der Unterdrückung paßt, ist Verachtung, nicht Verehrung, und stets hat in den christlichen Jahrhunderten hinter der Nächstenliebe der verbotene zwangshaft gewordene Haß gegen das Objekt gelauert, durch das die vergebliche Anstrengung stets wieder in Erinnerung gerufen ward: das Weib. Es hat für den Madonnenkult durch den Hexenwahn gebüßt, der Rache am Erinnerungsbild jener vorchristlichen Prophetin, das die geheiligte patriarchale Herrschaftsordnung insgeheim in Frage stellte. (*Horkheimer/Adorno* 1969, S. 100)

Daß es um patriarchalische Machtansprüche und nicht um christliche Abneigung etwa vor magischen Ritualen ging, zeigt die Praxis des Gegenzaubers. Im Hexenhammer werden erlaubte Zauberverfahren aufgezählt, mit denen man sich z.B. gegen Hexenmacht schützen kann.

Letztlich ist auch die Art der Hinrichtung – das Verbrennen – magisch gerechtfertigt, der Teufel soll keine Gelegenheit haben, die Gebeine seiner Dienerin wiederzubeleben.

Jules Michelet schreibt über die Hexen: »Wenn man sie sieht mit den im Winde fliegenden Haaren auf den Schultern, so erscheinen sie mit dem schönen Haarschmuck so geziert, daß wenn die Sonne hindurchscheint wie durch eine Wolke, der Glanz unbeschreiblich ist und glühende Blitze bildet; daher kommt die Bezauberung durch ihre Augen, die ebenso gefährlich in der Liebe sind, wie in der Hexerei« (1863/1975, S. 133).

Ein unbekannter Maler schuf im Stil der Renaissance eine »bezaubernde Frau« – Eine Hexe beim Liebeszauber.
Die Furcht und der Haß der Männer auf die Hexe rührt von dieser weiblichen Kraft her.

»Liebeszauber«, unbekannter Meister der flämischen Schule, 15. Jh.

Die Hexenverfolgung hat ein Durchbrechen und Vernichten weiblicher Kultur und weiblicher Stärke gebracht. Die andere Seite ist aber: Die so prägnante und bildhafte Beschreibung führte zu einer Polarisierung des Frauenbildes. Durch die folgenden Jahrhunderte sind die Tugend der Frau wie auch ihre Laster festgeschrieben. Sie werden bei der Reform mittelalterlichen Denkens gemildert, zum Beispiel beim katholischen Reformer *Vives* (1523), sie werden aber nicht grundsätzlich in Frage gestellt. Diese Unterscheidung gilt nicht nur für die christliche Literatur; es gibt einen breiten Strom mysogyner Frauenliteratur vom Mittelalter bis in die neue Zeit, in denen der Dualismus weiterlebt. Das »übel Wip«, die böse Frau, ist stets die ungehorsame Frau, die starke Frau, die sich nicht unterordnen will. Auch in der beginnenden Neuzeit sind Idealisierung und Dämonisierung Mechanismen zur Erhaltung einer männlichen Überordnung.

Das Bürgertum heimste von der Frau Tugend und Sittsamkeit ein: Als Reaktionsbildung der matriarchalischen Rebellion.
(*Horkheimer/Adorno* 1969, S. 222)

Zweiter Teil
Die bürgerliche Frau im 19. Jahrhundert – Aufbruch in den Fußstapfen liberaler Väter

Das 19. Jahrhundert ist das Zeitalter der industriellen Revolution. Sie verändert nicht nur die Arbeit und das Arbeitsverhältnis, sie hat tiefgreifenden Einfluß auf die Gestaltung des familialen Lebens. Diese Veränderungen betreffen auch die Stellung der Frau. Im vierten Stand, dem Proletariat, wird die Frau miteinbezogen in die Fabrikarbeit. Sie arbeitet dort zum Erhalt eines minimalen Familieneinkommens unter schlechteren Bedingungen und geringerer Bezahlung als der Mann. Ihr Leben wird bei der hohen Arbeitszeit bestimmt vom Rhythmus der Fabrikarbeit. Die Sorge um Familie und Kinder tritt zurück. Die Folgen sind verheerend. Die Frauenfrage ist in dieser Schicht verbunden mit der sozialen Frage.

Im Gegensatz dazu ist die bürgerliche Frau ganz in die Familie eingeschlossen, zur Pflege des Hauses, zur Wahrung des Vermögens, zur Sorge um Mann und Kind. Sie steht dem öffentlichen Leben fern. Ihr Bemühen um Teilhabe an Bildung und Wissen stößt auf Widerstand. Ihr Streben nach Selbständigkeit, nach Gleichheit mit dem Mann, vor allem der Schritt über die Schwelle des Hauses in einen Beruf werden ihr zunächst verwehrt.

Die Auseinandersetzung dieser Frauen mit den Forderungen und Bildern ihrer leiblichen und geistigen Väter möchte ich in diesem Abschnitt aufzeigen.

1. *Joachim Heinrich Campe:* »Ihr seid Engel, aber leider gibt es auch gefallene.«

»Ihr seid Engel, aber leider gibt es auch gefallene« ist der Seufzer eines bürgerlichen Mannes über die Frauen. Es handelt sich um *Joachim Heinrich Campe*, der 1790 ein vielgelesenes Buch mit dem

Titel »Väterlicher Rat für meine Töchter – der erwachsenen weiblichen Jugend gewidmet« veröffentlichte. Das »Väterliche« und der »Rat an die erwachsene Jugend« sind kennzeichnend für die Haltung des Mannes gegenüber der Frau im Bürgertum dieser Epoche. Campe weist der Frau, dem »Weibe«, drei Bestimmungen zu: Sie sei Gattin, Mutter und Vorsteherin des Hauswesens. Daraus leitet er ab, welche Fähigkeiten in der weiblichen Erziehung zu fördern sind. Es geht um einen der Bestimmung des Weibes angemessenen Gemütscharakter. Zehn Tugenden zeichnen ihn aus: Reinheit des Herzens, wahre Frömmigkeit, Keuschheit und Schamhaftigkeit, Bescheidenheit, Freisein von Eitelkeit, Herzensgüte (ein leichter, zu Freude gestimmter Sinn, Geduld, Sanftmut, Biegsamkeit, Selbstverleugnung), Ordnungsliebe, Sparsamkeit, Häuslichkeit, Gewöhnung an Abhängigkeit. Zur letzten Tugend soll Campe im Original zu Wort kommen:

Endlich, mein Kind, laß mich dieses unvollkommene Gemählde der Tugenden, wornach du ringen, und der Pflichten, die du, wenn du ein recht würdiges und recht glückliches Weib werden willst, emsig und gewissenhaft zu erfüllen dich bestreben mußt, damit endigen, womit ich es anfing – mit der wiederholten Einschärfung einer Tugend, die, wo nicht zu den ersten, doch zu den unentbehrlichsten deines Geschlechts gehört. Sie heißt: Gewöhnung an Abhängigkeit! Dazu bist du nun einmal gebohren; dazu bist du nun einmal von der Natur sowohl als auch von der menschlichen Gesellschaft bestimmt, und alles Sträuben und Sperren dagegen würde dir wahrlich zu weiter nichts dienen, als die sanften Bande der Liebe, welche diese Abhängigkeit leicht machen sollen, in drückende Ketten der Knechtschaft zu verwandeln. Sey also weise, junge Weltbürgerin, und lerne, dich willig in eine Ordnung fügen, welche die Natur selbst beliebt und die ganze menschliche Gesellschaft, so weit wir sie kennen, angenommen hat. Thue Verzicht auf einen unabhängigen Willen, vornehmlich auf eigene Launen und auf jede Art von Widersetzlichkeit. Lerne, dich als das zweite Glied in der Kette deines künftigen Hauswesens denken; dein einstmaliger Gatte wird und muß das erste seyn; und so wie alle die übrigen Glieder von dir abhängig seyn werden, so mußt du selbst mit allen übrigen zugleich, es von ihm seyn. Erkennst du dieses natürliche und billige Verhältnis willig an; unterwirfst du dich gern und ohne Murren den bessern Einsichten des Mannes, den du selbst würdig gefunden haben wirst, dein Beschützer und Führer auf der Reise durchs Leben zu seyn; giebst du dich ihm ganz und ohne Rückhalt hin, um nur für ihn und in ihm einzig und allein zu leben und zu weben; thust du, nicht bloß aus Gewissenhaftigkeit, sondern auch aus wahrer Klugheit, Verzicht auf alle die kleinen und unredlichen Verstellungskünste und weiblichen Schelmereien, womit so Manche ihren ehelichen Freund zu täuschen und zu hintergehen sich erlaubt; stehst du vielmehr zu jeder Zeit, mit allen deinen Gedanken, Empfindungen und Handlungen offen vor ihm da, und suchst ihm nichts zu verheimlichen, nichts zu verdrehen, nichts abzulisten; brauchst du endlich, wann er starrköpfig oder übellaunig ist, nie andere Schutz- und Trutz-Waffen gegen ihn, als die, welche die Natur selbst dir gab – Nachgiebigkeit, Sanftmut, Bitten und zärtliche Liebkosungen; dann, mein liebes Kind, kann und wird der abhängige Zustand, wozu du geboren bist, nie drückend für dich werden können; dann wird das Herz deines Gatten, mit allen seinen Eigenheiten und Launen, wenn es dergleichen hat, ganz in deiner Hand seyn, und du wirst es biegen und lenken können, wie und wohin du willst; dann wird er an dir, wie du an ihm hangen, und die schreckhaften Ideen von Herrschaft und Abhängigkeit werden sich ganz von selbst in die süßesten Gefühle einer gegenseitigen zärtlichen und vollkommenen Sympathie auflösen. Glücklicher Zustand! Mögest du alle die Seligkeit, die er mit sich führt, einst aus eigener Erfahrung kennen lernen! Und mögest du, um dieser großen Glückseligkeit einst theilhaftig zu werden, schon jetzt dich unablässig bestreben, das zu werden, das zu können, das über dich zu vermögen, was du einst, wenn du deine Bestimmung erfüllen und durch den Mann, den Gottes Vorsehung dir zugesellen wird, glücklich werden willst, nothwendig seyn, können und über dich vermögen mußt! Daß du das wollest, weiß ich, mein geliebtes Kind; daß es dir gelingen werde, kann nur derjenige bezweifeln, der die Allgewalt einer fortgesetzten tugendhaften Bestrebung noch nie aus eigener Erfahrung kennen lernte. Was bleibt mir also übrig, als mich schon jetzt des Glücks zu freun, welches einst der Preis für deine jetzige kindliche Folgsamkeit, und zugleich der süßeste und beste Lohn für unsere elterliche Sorgfalt seyn wird? (*Campe* 1790, S. 247–250)

Folgsamkeit wird der Tochter Glück bringen. Sie ist zugleich süßester Lohn für den Vater. Der Tugendkatalog Campes wirkt wie eine um Tugenden der Haushaltsführung bereicherter *Jungfrauen-*

spiegel. Für die bürgerliche Erziehung der Frau im 19. Jahrhundert trifft Nietzsche ins Schwarze: *»Der Mann macht sich das Bild des Weibes und das Weib bildet sich nach diesem Bilde«* (*Dohm* 1902, S. 27).

Der Mann verkörpert Eigenständigkeit der Persönlichkeit. Der kreative, schaffende, gestaltende Mann ist das Leitbild. Er ist verantwortlich für die gesellschaftlichen, wirtschaftlichen, politischen, technischen Themen. Der Frau obliegt die Pflege des Hauses und die Erziehung der Kinder. Sie stützt und unterstützt ihren Mann bei der Verwaltung des Vermögens. An der Kreativität und Gestaltungskraft dieses männlichen Persönlichkeitsbildes wird der Mangel der Frau definiert, die solche nicht vorzuweisen hat. Das wird zurückgeführt auf die Schwäche des Geschlechts, auf natürliche Anlage.

Daß dieses Frauenbild in einer Zeit des Umbruchs, der industriellen Revolution, so unwandelbar aufrechterhalten wird, mag auf den ersten Blick Rätsel aufgeben. Hat sich im Zeitalter der Ökonomie nicht eine Auffassung von Frau und Mann überlebt, die an *Thomas von Aquin* erinnert?

Zum Glück gibt es eine aufschlußreiche Schrift »Die Frau und die Nationalökonomie« aus dem Jahr 1886. Ihr Verfasser, *Lorenz von Stein,* ist bürgerlicher Wissenschaftler, Jurist und Philosoph. *Karl Marx* karikiert ihn bissig als Realisten, der in einem weiten idealistischen Mantel einherschreite. Von Stein hat Marx in keinem seiner 150 Werke erwähnt, so sagt *Carlo Schmid* 1960, obwohl er sozialistische Gedanken sehr wohl kannte. Er wurde bekannt durch seine Schrift »Geschichte der sozialen Bewegung in Frankreich von 1789 bis in unsere Tage«. Dies sei vorweg erwähnt, um zu zeigen, daß im folgenden kein Erzkonservativer jener Zeit zitiert wird, sondern ein bürgerlicher Liberaler, der nach 1848 wegen der Reaktion seinen Lehrstuhl in Kopenhagen verlor. Von Stein ist sensibel für die Auswirkungen der wirtschaftlichen und sozialen Veränderungen auf das Selbstverständnis der Frau. Wie er nun aber die Position des Mannes verteidigt, weist ihn als jemand aus, der nach *Stuart Mill* »Injurie durch Schmeichelei zu verdecken weiß«. Doch zuerst eine Probe seiner Einfühlung in »die« Frau:

Es ist eine der merkwürdigsten Erscheinungen unseres Jahrhunderts, dies Loslösen der Frau vom Mann, dies Gefühl ihrer Selbständigkeit, dies Bedürfnis, nicht bloß Blüthe und Kranz, sondern selbstwirkender Faktor in der Arbeit unserer gewaltigen Zeit zu sein. Die Frau, seit Jahrtausenden die stillschweigende und gehorsame Erfüllung des Lebens der Männer, beginnt zu lernen, daß fast alles was geschieht, nur halb geschieht und nur halb fertig wird, wenn es die Frau nicht miterfaßt. Sie beginnt zu lernen, daß sie, und gerade mit dem, was ihr am eigenthümlichsten ist, ein mächtiges Gewicht in die Wagschale des Lebens, seines Werdens und seines Glückes zu legen vermag, nicht bloß durch das was sie ist, sondern ebensosehr durch das was sie will und thut. Sie stellt sich, wenn auch in ihrer Weise leise und schweigend, in die vorderste Reihe der menschlichen Arbeit; sie will nicht mehr bloß die Last derselben tragen, sie will auch ihre Kraft in derselben zur Geltung bringen; sie hat den Muth, für sich Erfolge zu wollen und einen Theil der Verantwortlichkeit dessen auf sich zu nehmen, was sie zu thun für eine selbständige Lebensaufgabe der Frau hält. Sie will kein Mann sein, aber sie will das sein was der Mann nicht sein kann, und beginnt sich allen Ernstes zu fragen, was denn das eigentlich ist, was eben nur sie vermag. Sie will in feste Form fassen, was in ihr lebt; sie will zu der Liebe die Hochachtung nicht mehr bloß des Mannes, sondern der Männer; sie will sich erheben über jene dunkle Gewalt der zunehmenden Jahre, welche Blatt auf Blatt aus der Rose rauben, die wir an unserem Herzen tragen; sie will durch sich selbst gelten, und ein Dauerndes an die Stelle des nur zu leicht Vergänglichen setzen; die Frau will von jetzt an eine Kategorie des arbeitenden Lebens neben dem Manne werden. Und kann sie das mit dem Maßstabe der Minnesänger und Dichter aller Zeiten und Arten? Sie weiß, daß sie das *nicht* kann. Sie will gelten, was sie werth ist. Und auf diesem Punkte begegnet ihr die Wissenschaft, vor allem diejenige welche mit kühlem Verständnis die Erscheinungen zu Kräften, das Glück zur Substanz, das Leiden zur Sache der Berechnung macht, die Nationalökonomie.

(*von Stein* 1886, S. 7f.)

Es ist keine Frage, daß von Stein die Nationalökonomie zur Männersache erklärt, aber er liebt die Frauen gerade wegen dieser charmanten Schwäche: »Ich wage es, zu gestehen, daß ich Frauen viel höher schätze, die stolzer sind auf das, was sie leisten können als auf das, was sie definieren können« (*von Stein* 1886, S. 55).

Frauen können, so von Stein, arbeiten wie Männer. Aber, und jetzt kommt dieses »aber«:

Aber, und das ist es, was wir für uns festhalten müssen, während wir das nicht bestreiten, ist es andererseits ebenso gewiß, daß die Frau, sowie sie das Männliche wirklich thut, nur eine weibliche Form des Mannes und *keine Frau mehr ist.* Es gibt eine weibliche Arbeit, und sie darf sich kühn an die Seite der Arbeit des Mannes stellen und thut es tausendfach und täglich, aber diese weibliche Arbeit ist nicht die Arbeit der Frau. Mit jener tritt sie als Nebenbuhlerin und Mitwerberin des Mannes unter die Gesetze, welche über den Werth entscheiden, die eine Arbeit für die ganze Welt hat, und strebt mit ihnen nach demselben, wonach die ganze Welt strebt, dem täglichen Erwerb. Sie kann es, das ist gewiß; sie thut es nur zu oft, und wir beklagen es, ohne es zu verklagen; aber es ist das nicht die Frau der wir hier begegnen, sondern das männliche Weib. (*von Stein* 1886, S. 24)

Die Frau soll keine Erwerbsarbeit leisten, sie kann soweit tätig sein, wie ihre Kräfte ihr das erlauben, doch lehnt er jegliche Tätigkeit ab, die sie von der eigentlichen Aufgabe ablenkt, Gattin und Mutter zu sein. Erwerbsarbeit von Frauen ist für Lorenz von Stein eine beklagenswerte Tatsache der Armut des vierten Stands, dessen Lage durch Reformen verbessert werden muß. Wenn eine Frau nicht gezwungen ist, dann lehnt sie von sich aus diese Arbeit auch ab.

Frauenerwerb ist ein höchst wichtiger Theil der Frauenfrage, aber er ist keine Lösung derselben, auch dann nicht, wenn selbst die gewerbliche Bildung des Mädchens es dahin brächte, daß dasselbe vermöge ihres Erwerbs zu vollständiger wirthschaftlicher Unabhängigkeit, ja zu wirklichem Reichthum käme. Es liegt im tieferen Wesen der Frau etwas anderes, als der Drang und die Befriedigung durch produzierende Arbeit Gewinn zu machen. Die Frau wird sich stets zu dem Erworbenen freuen, aber zu der erwerbenden Thätigkeit selber niemals. Sie fühlt mit voller und klarer Sicherheit, daß hier ihre Bestimmung nicht liegt; sie hat innerhalb des großen Organismus des Güterlebens zu empfangen, und nicht zu geben. (*von Stein* 1886, S. 160)

Sie soll als Gattin ihren eigenen Wirkungskreis erhalten. Der Produktionsbereich, das ist die Sphäre des Mannes, der Reproduktionsbereich der der Frau.

Wenn die Lehre von der Produktion und ihren Bedingungen die Nationalökonomie der männlichen Kraft ist, so ist das Verständnis jener Idee der persönlichen Konsumtion in Verzehrung und Genuß, das Verständnis ihrer Gewalt, ihrer Ordnung, ihres unwiderstehlichen Einflusses das, was wir die *Nationalökonomie der Frau* nennen. (*von Stein* 1886, S. 50)

Diese Bereiche sind geschieden und müssen es auch bleiben, eine höhere schöpferische Kraft hat die Linie zwischen diesen beiden Bereichen gezogen.

Diese Linie bildet die Schwelle des Hauses. Es ist gleichgültig, ob der Mann meilenweit von derselben entfernt ist oder ob ihn und seine Arbeit von seinem eigentlichen Hause nichts trennt als die Thür zwischen seinem Arbeitszimmer und seiner Wohnung. Immer liegen diesseits und jenseits dieser Schwelle zwei wesentlich verschiedene Ordnungen des Daseins, zwei Seiten desselben Bildes, die sich ewig berühren und ersetzen und doch niemals vermengen. Und ob wir das wissen oder nicht, vorhanden für jeden von uns ist dieser tiefe Abschnitt zwischen beiden. In dem Augenblicke wo ich die Schwelle meines Hauses überschreite, verlasse ich die Meinigen und gehöre der Welt, in der ich arbeite; in dem Augenblicke wo ich nach jener zurückkehre, wende ich mich zugleich von dieser arbeitenden Welt ab und gehöre dem Hause, und eine innere Umwandlung, eine Umstimmung meines ganzen Wesens begleitet mich mit ihrem Abstreifen der Tagesmühe und mit ihrer Empfänglichkeit für den zweiten Theil und Inhalt meines Lebens. Das hat jeder an sich viel hundertmal erfahren, und zum Zeichen dessen ist der weiteste Weg zum Geschäftsfreund hundertmal kürzer als der Weg, den ich zurücklegen muß, bevor ich vom Arbeitszimmer in seinem Wohnzimmer zugelassen werde. An der Schwelle dieses Hauses aber steht die Frau. Ich weiß wohl, was ich dort von ihr erwarte; ich weiß , daß ihre weiche Hand mir die Stirn glättet und ihre freundlichen Worte wie frische Thautropfen auf die Mühen des Tages fallen. Ich weiß, daß ich meine Sorge nicht hinüberzutragen brauche in dieses Reich meiner Lieben, und daß die Arbeit an mich kein Recht mehr hat, wenn ich jene Grenze überschreite. Ich weiß, daß ich hier von anderen Dingen höre und mich an anderen freue als draußen in der Welt, und wenn der starke, der arbeitmüde Mann und sein Erfolg zum Stolz des Hauses wird, so darf ich wohl sagen, daß die freundliche Frau der Schmuck desselben ist. Dies Haus ist nicht bloß unbedingt ihr Reich, es soll auch ihr Werk sein, und was immer ich in demselben suche und finde, es ist die Arbeit der Frau, die mir ihre Hände entgegenreicht. Und diese Arbeit der Frau ist es, die in ihren tausend kleinen Mühen und Aufgaben doch wieder eins ist, unendlich wie das Leben selbst, aber zuletzt der Werth aller Werthe, die ich gewonnen haben mag. (*von Stein* 1886, S. 93f.)

Die Hausarbeit, das weist Lorenz von Stein nach, ist das, wozu die Frau geschaffen ist. Diese Arbeit ist eine sehr wertvolle. Ich habe nirgends solch blumenreiche Worte über die Hausarbeit gelesen wie bei diesem Nationalökonomen!

Er beschreibt den Verbrauch der Haushaltsgüter durch Abnutzung und meint:

Zuerst fühle ich dies alle nur; dann sehe ich es; dann berechne ich es; dann muß ich mich aufmachen es zu beseitigen. Habe ich die Zeit dazu? Wer sollte dann meine Dinge besorgen? Habe ich noch Lust und Kraft dazu? Wenn ich die Schwelle meines Hauses überschreite, bin ich müde. Dennoch weiß ich, wie nothwendig der Kampf mit jenen tausend Feinden ist. Wer soll ihn kämpfen? Ich brauche es nicht zu sagen. Dieser Kampf ist ein Theil der Arbeit der Frau. Nur sie hat das Verständnis desselben, nur sie die Waffen, ihn durchzuführen. Sie ist es, welche das feindliche Atom verfolgt mit Wischtuch und Bürste, mit Wasser und Feuer; sie ist es, die dem leidenden Stoff zu Hilfe kommt mit Nadel und Schere; sie allein hat Mitgefühl für die Klage der Geräthe aller Art; sie kräftigt und stärkt alle die Dinge die ihr dienen, zu rechten Zeit ihre Gefährdung erkennend; sie ist nicht bloß die Herrin, sie ist auch die Beschützerin ihres Hauses gegen jene nimmer ruhenden Feinde, und weiß das Neue in seiner Jugendlichkeit zu erhalten und dem Alten die frische Kraft wiederzugeben. Sie ist es, die zur Ordnung ihre nicht minder freundliche Schwester, die Reinlichkeit, hinzufügt; wie es den Begriff der ersteren nicht gibt ohne den Menschen überhaupt, so gibt es die zweite nicht ohne die Frau. Freundlicher scheint die Sonne, größer wird der Raum, einladender der Tisch, wo die arbeitende Sorge der Frau die unheimlichen Atome verjagt hat; und doppelt weiß ich zu genießen, was mir so geboten wird, denn es ist die Frau, die mir in jedem dieser Dinge entgegenlächelt. Und wenn ich nun vom Gefühle zum Verstande übergehe, so wird aus dem was freundlich ist, etwas, was mir mit jedem Jahre mehr auch seinen wirthschaftlichen Werth enthüllt. Ist diese Reinlichkeit, ist dieses unermüdliche Ausbessern, ist diese sorgende Arbeit für die

Erhaltung aller großen und kleinen Dingen bloß eine wohlthuende Annehmlichkeit? (*von Stein* 1886, S. 110f.)

Lorenz von Stein bejaht die Aufteilung der Arbeitsbereiche in der fortschreitenden Industrialisierung. Nicht daß er ihr zustimmt, verdient Widerspruch und auch nicht sein blumenreicher Stil; entscheidend ist die Rückführung auf »Wesen« und »Idee« der Frau, beides nicht mehr zu hinterfragende Begriffe. Damit wird auch die Aussage nicht mehr veränderbar. Die Tätigkeit der Frau gehört »wesensmäßig« in den Reproduktionsbereich. Sie ist im Prinzip nicht bezahlbar. Ideelles läßt sich nicht in Materielles umsetzen. Das konkrete Leben der bürgerlichen Frauen paßt genau zu den dargestellten Auffassungen von Campe und Lorenz von Stein. Lebensraum der bürgerlichen Frau sind Haus und Familie. Im kindlichen Alter ist die Frau Tochter und Schwester, später Ehefrau und Mutter. Alle Rollen werden definiert in Abhängigkeit zur Familie, vor allem in Abhängigkeit zum Mann. Das gilt nicht nur für die rechtliche Situation. Philosophen, Theologen, aber auch Schriftsteller in dieser Zeit definieren die Frau als dem Manne zugeordnet. Deutsche idealistische Autoren dieses Jahrhunderts, gleich welcher Fachrichtung, werden nicht müde, über das Wesen und die eigentlich natürliche Bestimmung der Frau Aussagen zu machen: Ehe und Mutterschaft. Auf diese hin wird sie erzogen. Mädchen und Frauen leben im Haus, das heißt in Gesellschaft von Mutter, Geschwistern und, soweit vorhanden, von Dienstboten. Außer Haus kommen Mädchen nur zu Besuchen bei Verwandten oder bei befreundeten Familien; das heißt, sie werden abgeschirmt vom Leben außerhalb der Familie. Gespielt wird im eigenen Garten, unterrichtet wird in Mädchenschulen mit eigenen Lehrplänen. Wenn Besorgungen zu erledigen sind, geht eine bürgerliche Frau nie allein. Sie ist in Begleitung einer älteren Person oder, wenn verwandtschaftliche Unterstützung ausfällt, begleitet von Dienstboten.

Das Mädchen lernt von klein an die häuslichen Verrichtungen. Je nach Status und Reichtum der Familie wird es mit einfachen Hausarbeiten vertraut gemacht oder lernt, das Hauspersonal anzuleiten. Als Kind hat die Frau Kontakt mit Brüdern, die im Unterschied zu ihr eine auf die Außenwelt bezogene Erziehung genießen. Sie dagegen lernt, was für ein gesichertes Leben innerhalb der

Familie notwendig ist. Sie übt sich in die Rolle der Ehefrau und Mutter ein. Das junge Mädchen wird dann der Konvention zufolge in die Gesellschaft eingeführt, das heißt, es darf an Bällen und Tanzveranstaltungen, natürlich in Begleitung und innerhalb der Familien, teilnehmen. Unter anderem dienen sie dazu, die jungen Mädchen mit Männern bekannt zu machen.

Aus vielen Biographien wissen wir, daß dieses Leben von Mädchen und Frauen als einengend erlebt wurde. Da war zunächst die Einengung des Bewegungsspielraums, die Einengung der Neugierde auf das Leben draußen, außerhalb des Hauses, von der sie nur eine vage Vorstellung hatten. Die Bindung an das Haus diente auch dem Schutz der »sexuellen Unberührtheit«, der unabdingbaren Voraussetzung für die Ehe. Welch hohen Wert gerade diese Unberührtheit hatte, zeigt sich in den frühen Schriften der Frauenbewegung. Die Frauen fordern zwar die Gleichberechtigung in Ausbildung und Beruf, beteuern aber zugleich, daß sie ihrer weiblichen Rolle treu bleiben wollen. Sie grenzen sich ängstlich von jenen emanzipierten Frauen ab, die die »freie Liebe«, daß heißt sexuelle Selbstbestimmung fordern. Im Bereich der Sexualität gab es für die bürgerliche Vorstellung nur dieses entweder-oder. Es gab die Möglichkeit, die Frau eines Mannes zu sein, oder eine Frau der Straße, für alle verfügbar. Es muß hier nicht erörtert werden, daß diese Vorstellung nicht weiblicher Selbstbestimmung entspringt, sondern der doppelten Moral der Männer im 19. Jahrhundert.

Die Spaltung in Ehefrau und Dirne zeigt erneut eine Spaltung des Frauenbildes, die wir aus dem Mittelalter kennen. Auch im 19. Jahrhundert entspringt diese Spaltung der Phantasie des Mannes: Das Bild der Ehefrau wird idealisiert, das Bild der »freien« Frau dämonisiert. *August Bebel* (1909/1981) hat beide Leitbilder jeweils gesellschaftlichen Institutionen zugeordnet: der Ehe und der Prostitution. Solche Männerphantasien aber hatten einen wesentlichen Einfluß auf die Ausbildung und Haltung der Frauen im sozialen Bereich. So ist auch zu verstehen, daß Professoren mit dem Einzug weiblicher Studenten um die Sittlichkeit ihrer Studenten fürchteten. Manche formulierten auch in Erwartung einer männlichen Meute, daß sie für die Unversehrtheit der Studentinnen nicht garantieren könnten.

Die Beschreibung der Frau als Mängelwesen, als Angehörige des »schwachen Geschlechts« wird als Diskriminierung besonders anschaulich bei der unverheirateten Frau. Man spricht von ihr als einer Frau, die keinen Mann bekommen hat. Dieser Tatsache wegen wird sie, je nach Einstellung, bedauert oder verachtet. Es fehlt ihr etwas. Ihr Platz ist weiterhin in der Familie, sie bleibt bei den Eltern und muß nach deren Tod zu den Geschwistern ziehen, die dann meist verheiratet sind. Wenn sie keine Geschwister hat, wird sie bei ferneren Verwandten untergebracht. Sie untersteht dann dort dem jeweiligen Haushaltsvorstand und ist sehr oft unbeliebte Hausgefährtin. Sie muß dankbar sein, daß sich die Verwandten ihrer annehmen. Sie soll sich um Haushalt und Kinder derer kümmern, die sie aufgenommen haben.

Vergegenwärtigt man sich das gesellschaftliche Ideal und die familiäre Situation, so kann man leicht nachvollziehen, daß diese Frauen unzufrieden wurden, Neidgefühle auf die Verheirateten entwickelten und darüber verbitterten. Solche Gefühle mußten aus einer Erziehung folgen, die auf Heirat ausgerichtet war. Das beste, was unverheiratete Frauen erwarten konnten, war, daß man sie vor ungerechter Behandlung in Schutz nahm. Eine Verteidigerin der Unverheirateten, die ihr Büchlein über Beruf und Berufung der Frau 1884 anonym schrieb:

Das Einzige, was der verheiratheten Frau zu beneiden ist, und von Mädchen wohl am Bittersten entbehrt wird, ist nicht die Liebe des Gatten, nicht die gesicherte Lebensstellung, es ist der süße Name Mutter, welchen ihr Ohr niemals vernimmt. Das ist es, was das weibliche Herz am schmerzlichsten vermißt, die Freude eines Kinderumgangs und dessen ungestörten Besitz.

Und hier ein Wort an euch, ihr Frauen, die ihr so oft erbarmungslos die alte Jungfer beurtheilt, der ein anderes Los als euch zugefallen. Was euch frischer und liebevoller erhält, das ist keineswegs euer größerer Verstand und euer liebevolles Herz, sondern der unschuldige Zauber der Kinderwelt, die euch umgibt. Wie viele von euch wären grämlich und verknöchert, kalt und unfreundlich geworden, wie so manche unter euren unverheiratheten Mitschwestern, wenn er euch gefehlt hätte! Das ist der wahre und gerechtfertigte Schmerz des ehelosen Standes, daß die Mutterfreude und das Mutterglück ihm fehlen. Gänzlich fehlen? O nein! Die versagte Liebe, welche die Wunde schlägt, kann sie auch wieder heilen. In der Kinderwelt dort rinnt der Born, der ewige Frische und Gesundheit verleiht, und die unverheirathete Frau ist sehr wohl im Stande, sich der Jugend eben so unentbehrlich zu machen, wie die eigne Mutter. Aber ihre Bildung, ihre Wohlwollen, ihr geläuterter Geschmack müssen sie dem heranwachsenden Geschlechte nahe stellen; als Beschützerin, als Erzieherin und Freundin desselben erringt sie sich Mutterrechte, und ihre Mühe wird reichlich belohnt durch den unausbleiblichen Segen jeder liebevollen Thätigkeit. Und dies ist es noch nicht allein. Tausend Waisen, tausend Kinder der Armuth strecken hülfeflehend ihre Arme nach jenen Kinderlosen aus, die so häufig an Katzen und Schooshündchen ihr Wohlwollen verschwenden und ihre irdischen Güter nur benützen zur Befriedigung von Launen und Eitelkeiten. Diese Kinder können euch ganz und ungetheilt gehören. Liebet sie, bildet sie zu tüchtigen Gliedern der Gesellschaft, und ihr thut mehr als die wirkliche Mutter, von der es ja kein Verdienst ist, daß sie das eigene Kind liebt und erzieht.

Ja, das Gefühl der Mütterlichkeit muß im Herzen jedes Mädchens geweckt und gepflegt, mit geistiger Bildung, mit praktischer Tüchtigkeit verbunden werden. (*Büchner* 1884, S. 97 f.)

Auch die warmherzige Verteidigerin sieht in der Frau, die nicht Mutter geworden ist, ein Mängelwesen. Dieser Mangel aber kann dadurch kompensiert werden, daß sie sich fremden Kindern zuwendet, das heißt: Sie wird Erzieherin.

Gouvernante und *Erzieherin* ist in der bürgerlichen Gesellschaft der erste und sehr lange der einzige Beruf, mit welchem ein Mädchen aus bürgerlichem Hause sich selbst ernähren konnte. Die Gouvernante und Erzieherin wurde aber im bürgerlichen Haushalt zu den Angestellten, zu den Dienstboten gerechnet, das heißt Erzieherin oder Gouvernante in einem bürgerlichen Haus zu werden, bedeutete einen sozialen Abstieg, den die meisten Frauen fürchteten. Auch *Freiherr vom Stein*, preußischer Minister, äußerte sich zur Lage der unverheirateten Frau. Ihm schien die Gründung von Schwesternschaften ein möglicher Weg. In Korrespondenz mit *Amalie Sieveking:*

Stein hatte zwei Institute der barmherzigen Schwestern besucht, dabei war ihm »höchst auffallend der Ausdruck von innerem Frieden, Ruhe, Selbstverleugnung, frommer Heiterkeit der Schwestern, ihre stille, geräuschlose Wirksamkeit, die liebevolle, segenbringende Behandlung der ihrer Pflege anbefohlenen Kranken. Mit allen diesen Erscheinungen machten einen beleidigenden Kontrast der Ausdruck von Unbehaglichkeit, aufgereiz-

ter wegen nicht befriedigter Eitelkeit, über Vernachlässigung gekränkter, unverheirateter älternder Jungfrauen aus den oberen und mittleren, zum Broterwerb durch Handarbeit nicht berufenen Ständen – die wegen ihrer, auf tausendfache Art gestörten Ansprüche, wegen ihres Müßigganges eine Leerheit, eine Bitterkeit fühlten, die sie unglücklich und anderen lästig machte – dieser Zustand der Unbehaglichkeit wirkte wieder nachteilig auf ihre Gesundheit.«
Die Frage war wohl natürlich: warum finden sich nicht ähnliche Institute, wie das der barmherzigen Schwestern bei den Protestantischen Konfessions-Verwandten? – Wir haben in vielen Städten Stiftungen für ähnliche Anstalten, es zeigt sich auch fortdauernd noch ein tätiger Geist der Wohltätigkeit in Frauenvereinen und dergleichen, aber solche feste dauernde Verbindungen, wie die der barmherzigen Schwestern, an die sich wieder so manches Vortreffliche anschließt, die fehlen uns ...

(*Döring* 1917, S. 39f.)

Die Aufwertung der unverheirateten Frau durch tätige Hilfe für andere war Anliegen von *Amalie Sieveking*. Ihr Schicksal soll beispielhaft dargestellt werden.

2. *Amalie Sieveking:* »Der Zauber selbstverleugnender Liebe«

Amalie Sieveking stammt aus einer Hamburger Kaufmannsfamilie. Mit fünfzehn Jahren wird sie Vollwaise.

Eine zärtliche Mutter verlor ich schon in meinem 5ten Lebensjahre; die früh gefühlte Entbehrung der Mutterliebe, welche die treue Pflegerin meiner Kindheit mir doch nicht ganz ersetzen konnte, weckte frühe in mir eine Liebessehnsucht, die in der Jugend schon mein Herz den Kindern und den Armen zuwandte. In großer Eingezogenheit nur mit Brüdern erzogen, fast ganz ohne Umgang mit jungen Mädchen meines Alters, bildete sich bei mir frühe ein Geschmack aus an ernster Lektüre und an der Beschäftigung mit wissenschaftlichen Dingen. Und gewiß, nicht Zufall war's, daß mir in meinem 12ten Jahre schon ein Buch über die Erziehung in die Hände fiel, das ich mit dem gespanntesten

Interesse las, und das zuerst in mir das Bewußtsein weckte: Anch'io sono pittore, auch ich bin zur Erzieherin berufen.

(*Sieveking* 1855, S. 240f.)

Ich mußte selbst etwas erfahren von dem Drucke der Armuth. Da mein guter Vater starb, ehe meine Erziehung vollendet war, und seinen Kindern durchaus kein Vermögen hinterließ, mußte ich eine Zeit lang das Gnadenbrot essen, das, ob es mir wohl mit Freundlichkeit gereicht ward von wohlwollenden Verwandten, mir dennoch bitter schmeckte; dabei mußte ich mein Taschengeld mir selber erwerben durch Händearbeit. O wie sehe ich jetzt mit Dankbarkeit auch auf diese Periode meines Lebens zurück! Wie manche Sympathien wurden damals in mir geweckt, die ich schwerlich je so würde empfunden haben, wenn ich selbst immer im Ueberflusse gelebt!

Nach meiner Confirmation nahm eine weitläuftige Verwandte mich ganz zu sich ins Haus, und hier, an dem 10jährigen Kranken- und Sterbelager ihres einzigen Sohnes, dessen Pflege ich noch 8 Monate mit ihr theilte, hatte ich eine Art von hoher Schule durchzumachen für meinen in künftiger Zeit weiter ausgedehnten Beruf als Krankenpflegerin. (*Sieveking* 1855, S. 243)

Amalie Sievekings Jugend war jedoch nicht nur durch materiellen und emotionalen Mangel geprägt. Der Mangel an Erziehung gab ihr einen Freiheitsraum, sich mit Dingen zu beschäftigen, die für junge Mädchen in ihrer Zeit unüblich waren. Sie berichtet, daß sie wie ein Junge mit den Brüdern herumtollte. Sie wollte auch gerne ein Junge sein. Frau zu sein, erlebte sie als Versagung und Einschränkung.

Ich weiß nicht, ob es Euch wohl auch einmal gegangen, wie es mir ging in meinen Kinderjahren, wo ich, nur mit Brüdern erzogen, keinen größern Wunsch kannte, als auch Knabe zu sein, wie sie. Ja, auch in späteren Jahren habe ich wohl manchmal noch über die Beschränkungen unsers Geschlechts geseufzt. Seitdem ich aber den göttlichen Ausspruch: »Meine Kraft ist in den Schwachen mächtig« (2 Cor. 12, 9.) recht verstanden und begriffen habe, seitdem nicht mehr. Ich möchte, daß Ihr Alle die Tiefe dieses Gotteswortes recht erkennen lerntet in eigener seliger Erfahrung. Dann, weiß ich gewiß, würdet Ihr nimmer begehren, herauszutreten aus Gottes Ordnung; Ihr würdet nicht herrschen wollen, wo Ihr berufen seid zu dienen; Ihr würdet

Amalie Sieveking

selbst Eurer Schwachheit Euch freuen können, in so fern das Gefühl derselben Euch tiefer empfinden läßt Eure gänzliche Abhängigkeit von dem Herrn. (*Sieveking* 1855, S. 275)

Das ist eine pietistische Glaubenshaltung. Amalie Sieveking lebte in einer evangelischen Gemeinde, in welcher es in Ablösung des Rationalismus zu einem stark ausgeprägten inneren Glaubensbewußtsein gekommen war. Der Pietismus forderte Hingabe in tätiger Nächstenliebe. In drei Veröffentlichungen bemüht sich Amalie, über die Heilige Schrift die Aufgaben der christlichen Frau zu interpretieren. Insbesondere beschäftigt sie sich mit den gottgewollten Aufgaben der unverheirateten Frau.

»Es mag um das Jahr 1818 gewesen sein, als ich anfing, näher über die eigentliche Bestimmung der Frau nachzudenken und wo mein innerer Beruf mir klar zu werden begann. Campes väterlicher Rat an seine Tochter machte damals großen Eindruck auf mich, und war mir, was ich später freilich nicht recht begriff, wirklich von Nutzen. Die Ehe trat darin als einzige Bestimmung des Mädchens hervor, welcher Auffassung aber bei mir eine innere Stimme widersprach. Auch in Romanen fand ich mit ganz seltenen Ausnahmen die Ehe als höchstes Glück dargestellt ... Mir aber schien es immer klarer, daß der so reiche Herr unmöglich nur auf einen Stand seinen Segen könne gelegt haben, sondern denselben für alle, auch für die so verschrieenen alten Jungfern sich vorbehalten. Sah ich mich indeß unter diesen um, so begriff ich, daß man über sie lachte, empfand aber den Wunsch um so dringender, diesen und gerade diesen Stand in Achtung und Ehre zu bringen ... Wenn es mir je einmal einfallen sollte, meine Biographie zu schreiben, so würde ich ihr den Titel geben: Memoiren einer alten Jungfrau, die im Leben sich befriedigt gefühlt.« (Zit. n. *Döring* 1917, S. 34)

In einem Brief schreibt sie: »Der ledige Stand kann verherrlicht werden, wenn er die Ausübung christlicher Liebe zu seinem Beruf macht«. Sie formuliert damit eine Rechtfertigung weiblicher Diakonie, die später immer wiederholt wird: Die natürliche Liebe zu Mann und Kind kann verwandelt werden in Liebe zum Nächsten und damit Erfüllung in das Leben der unverheirateten Frau bringen.

Amalie Sieveking versucht bereits 1830, einen Kranken- und Besuchsverein für die Armen zu gründen. Ihr Aufruf findet zunächst kein Echo. 1831 meldet sie sich beim Ausbruch der Cholera zum Pflegedienst. Sie wird erst mit Skepsis aufgenommen, kann aber die Ärzte und Pfleger voll überzeugen. Jetzt findet sie Mitglieder für einen Verein, der auch in anderen Städten gegründet wird. Amalie Sieveking berichtet über Pläne für eine Schwesternschaft:

Der Zauber solcher selbstverleugnenden Liebe war es, der schon in meinem 18ten Jahre mein Herz entzündete für die barmherzigen Schwesternschaften in der katholischen Kirche, wenn mir gleich damals die eigentliche Quelle dieser Liebe, der lebendige Glaube, noch ziemlich unbekannt war. (*Sieveking* 1855, S. 30)

Sie erfährt neben Kritik auch Ermutigung. Pastor *Gassner* schreibt ihr:

»Ich habe eigentlich eine doppelte Freude daran, wenn ich es mir schon in der Wirklichkeit vorstelle. Denn ich sehe dabei nicht nur die Armen, Kranken, Elenden getröstet, belehret, geheilet an Leib und Geist, sondern auch die weiblichen Seelen, die dabei zu Werkzeugen dienen, zugleich vor der armen Welt gerettet, bewahrt, gebildet, geführt auf dem schönsten Wege der Liebe, der Reinigkeit, der Geduld, der Demut, des Gehorsams, der Verleugnung.« (Zit. n. *Döring* 1917, S. 71)

Die Selbstverleugnung der Heiligen lebt wieder auf, die Idealisierung einer Elisabeth, die zum Lohn für Selbstaufgabe heiliggesprochen wird. (S. Teil I)

Amalie Sieveking will nicht die Unterordnung der bürgerlichen Frau aufheben, sondern ihrem Leben einen christlichen Sinn geben. Sie formuliert in einem Vortrag in Berlin 1849:

»Lassen Sie mich wiederholen, was ich freilich sonst schon vielfältig ausgesprochen: Ich wünsche eine Emanzipation unseres Geschlechts, aber nicht fürwahr in dem Sinne mancher Neuerer, die alle göttliche und menschliche Ordnung umstoßend, auch die von dem Herrn selber bestimmte Unterordnung des schwächeren Geschlechts unter das stärkere aufheben möchten. Was ich für die Frauen in Anspruch nehme, das ist eine Ablösung von jener Frivolität und Leerheit des Daseins, der nur zu viele unterworfen sind durch die Macht der Konvenienz, es ist die Berechtigung zu einer geregelten, Geist und Herz befriedigenden, ihre Zeit wirklich ausfüllenden Tätigkeit, die Berechtigung, wo das Haus ihnen keinen genügenden Spielraum darbietet für das Maß ihrer Kräfte, sich einen würdigen Lebensberuf zu suchen auch außer dem Hause.« (Zit. n. *Döring* 1917, S. 50)

Mit dieser Aussage wendet sie sich gegen Frauenkreise in Hamburg, die 1849 eine Hochschule für Frauen gründeten. (An eben dieser Hochschule lehrte *Malvida von Meysenbug*, die im nächsten Abschnitt zu Wort kommen wird.) So schreibt Amalie Sieveking 1859 an die Königin Karoline:

»*Eine Emanzipation des weiblichen Geschlechtes in christlichem Sinne* erscheint mir eben auch als eine dringende Zeitfrage. Ich habe sie lange, lange schon in meinem Herzen getragen, ... Jetzt aber habe ich es gewagt, mit meinen Ansichten bestimmter hervorzutreten, und es sind die Zeichen der Zeit, die mich dazu ermutigen. Bei sorgfältiger Beobachtung derselben meine ich in ihnen erkannt zu haben, was mir eine neue Ära für unser Geschlecht verheißt. Gewiß liegen in dem Schoß der Gegenwart viele Keime des Unheils und Verderbens; aber das soll uns nicht verhindern, das Vorhandensein auch manches schönen Samenkorns, das in seiner Entwicklung eine reiche Segensernte verspricht, anzuerkennen. Dahin rechne ich nun aber doch vornehmlich das unter Mädchen und Frauen immer mehr sich geltend machende Bedürfnis, ihre Zeit in würdigerer Weise, als es ihnen bisher verstattet wurde, auszufüllen, und was mich dabei besonders freut, ist der Umstand, daß die Rechtmäßigkeit dieses Verlangens gegenwärtig doch mehr und mehr von denkenden Männern anerkannt wird. Die Gestaltung jener Tätigkeit wüßte ich freilich auch jetzt noch nicht genau zu bezeichnen, aber ich traue darauf, daß der Trieb, einmal ernstlich geweckt und nicht mehr gehemmt durch das Veto der Konvenienz, sich schon selber die rechten Wege bahnen wird. Es scheint mir aber um so wichtiger, *daß dieses Bedürfnis innerhalb der christlichen Kirche die rechte Berücksichtigung finde,* da der Geist des Antichristentums es für seine Zwecke auszubeuten sucht. Hier in H. ist eine Hochschule für das weibliche Geschlecht eröffnet worden, gestiftet von einem Damenverein, dessen Mitglieder teils dem neuen Judentempel, teils der sogenannten freien Gemeinde angehören. Das junge Mädchen soll erst nach seiner Konfirmation, etwa mit 16 Jahren, in diese Anstalt eintreten. Ihre Haupttendenz ist aber in dem Prospektus klar und deutlich angegeben: einmal das weibliche Geschlecht durch eine höhere wissenschaftliche Bildung für eine höhere Einwirkung in die sozialen Verhältnisse der bürgerlichen Gesellschaft zu befähigen, sodann aber auch, es zu erheben über alle Vorurteile der geoffenbarten Religion, zu einer philosophischen Weltanschauung und zu dem Glauben – an die Menschheit!«

(Zit. n. *Döring* 1917, S. 52)

Es ist bezeichnend, daß die Pläne von Amalie Sieveking, eine Schwesternschaft nach dem Vorbild der katholischen barmherzigen Schwestern zu gründen, schließlich von einem Mann verwirklicht wurden. *Uhlhorn* (1890, S. 372) kommentiert: »Eine Frau, selbst mit der Begabung und der Liebesfülle einer Amalie Sieveking, wäre der Aufgabe auch schwerlich gewachsen gewesen.« Einer der Männer, die »Gott sich dazu ersehen hatte« (ebd., S. 372), war *Hermann Löhe*, Pfarrer in einer fränkischen Landgemeinde. Er begründete eine Schwesternschaft. Selbst in dieser evangelischen Institution wird das aus dem Mittelalter bekannte Gelübde von Armut, Keuschheit und Gehorsam wiederbelebt. Die Diakonisse trägt Schwesterntracht und verbringt ihr Leben ausschließlich in der Gemeinschaft der Mitschwestern. Im Diakonissenspruch wird der Zusammenhang von Selbstverzicht und Dienst am Nächsten radikal formuliert:

Diakonissenspruch I,
»Was will ich? *Dienen* will ich. Wem will ich dienen? Dem Herrn in seinen Elenden und Armen. Und was ist mein Lohn? Ich diene weder um Lohn noch um Dank, sondern aus Dank und Liebe; mein Lohn ist, daß ich dienen darf. Und wenn ich dabei umkomme? Komme ich um, so komme ich um, sprach Esther, die doch Ihn nicht kannte, dem zu Liebe ich umkäme, und der mich nicht umkommen läßt. Und wenn ich dabei alt werde? So wird mein Herz grünen wie ein Palmbaum, und der Herr wird mich sättigen mit Gnade und Erbarmen. Ich gehe mit Frieden und sorge nichts.«

Diakonissenspruch II.
»Ich gäbe mein Leben und alles, was es in sich hat, für ein Glas Narde auf das Haupt meines Herrn. Da er mir aber entrückt und ferne weggezogen ist, so nehme ich mich und alles, was ich bin und habe, wie eine Traube und presse es aus, um Seinen auserwählten Stellvertretern ein kleiner Labetrunk zu werden. Presse mit mir deine Traube auch aus bringe dein Lebenskelch-

glas dem Herrn, und Seine Elenden sollen es ganz austrinken auf dein Wohl. Das ist schöner als alles Glück der Erde.«

(*Löhe* 1925, S. 101)

Mit geradezu poetischer Blumigkeit (man ist an Lorenz von Stein erinnert), verklärt Löhe die weibliche Kraft, wenn sie sich mit Verzicht verbindet:

Ich bin weder ein Maler, noch ein Sänger; wenn ich's aber wäre, so malte ich die Diakonissin, wie sie sein soll in ihren verschiedenen Lebenslagen und Arbeiten. Es gäbe eine ganze Reihe von Bildern und ebenso viele Lieder. Malen würde ich die Jungfrau im Stall – und am Altare, in der Wäscherei – und wie sie die Nackenden in reines Linnen der Barmherzigkeit kleidet, – in der Küche – und in dem Krankensaale, auf dem Feld – und beim Dreimalheilig im Chor und wenn sie ganz allein den Communicanten Nunc dimittis singt, – – ich würde alle möglichen Diakonissenberufe malen: in allen aber Eine Jungfrau, nicht immer im Schleier, aber immer Eine Person. »Und warum denn? 's ist ja ganz poetisch, ohne daß du zu den Bildern die Lieder singst.« Warum? Weil eine Diakonissin das Geringste und das Größte können und tun, sich des Geringsten nicht schämen, das höchste Frauenwerk nicht verderben soll. Die Füße im Kot und Staub niedriger Arbeit – die Hände an der Harfe – das Haupt im Sonnenlichte der Andacht und Erkenntnis Jesu, – so würde ich sie aufs Titelkupfer der ganzen Bildersammlung malen. Drunter würde ich schreiben: »Alles vermag sie – arbeiten – spielen – lobsingen.« (*Löhe* 1925, S. 101)

An einer anderen Stelle formuliert Löhe die Diakonisse habe »den Kopf im Himmel und die Füße im Staub.«

Die Lehren der Kirchenväter von der Minderwertigkeit der Frau (s. Teil I, Kapitel 2) sind auch für den Protestanten Löhe unverbrüchliche Gewißheiten:

Der Mann ist vor dem Weibe und zur Selbständigkeit geschaffen: das Weib ist ihm beigegeben um seinetwillen. Er ist Herr – sie ist Gehilfin des Herrn, ihres Mannes. Der Mann kann ohne das Weib gedacht werden, wie er auch eine kleine Zeit des Weibes gemangelt hat: das Weib aber ist ohne den Mann nie gewesen, und was wäre es ohne den Mann? Was ist die Gehilfin ohne den, dem sie helfen kann und soll, sie sei ehelich oder Jungfrau, dessen Arbeit und Lebensberuf hienieden so groß und reich ist, daß er die Zweite, das Weib, mit hineinnehmen kann? Des Weibes Ausartung ist Selbständigkeit und männliches Wesen; ihre größte Ehre ist einfältige Weiblichkeit, sich fröhlich, unbeschwerten Herzens unterordnen, sich bescheiden, nicht anderes, noch mehr sein zu wollen als sie soll. (*Löhe* 1926, S. 86)

»Mein Lohn ist, daß ich dienen darf«, – die Diakonisse arbeitet ohne materiellen Verdienst. Liebestätigkeit, zu der Löhe alle sozialen und pflegerischen Tätigkeiten rechnet, kann und darf nicht bezahlt werden.

Ohne Zweifel hat dieses Leben für viele Frauen der ersten Generation eine Befreiung aus ärmlichen und engen häuslichen Verhältnissen gebracht. Zudem erhielten sie Bildung und Ausbildung, die sie auf anderem Wege nicht erreicht hätten und die in der Qualität einer »weltlichen Ausbildung« in einigen Bereichen überlegen war. Hinzukam ein Statusgewinn innerhalb der kirchlichen Gemeinde. Aber warum diese Koppelung von Ordensgemeinschaft und Berufsarbeit als Liebesdienst?

Man kann das Gelübde der Diakonissinnen nicht herauslösen aus dem theologischen Zusammenhang, es ist an den Glauben an die besondere Verdienstlichkeit der Selbstaufgabe geknüpft. Doch steht die verschriebene Askese auch hier im 19. Jahrhundert im Zusammenhang mit Entmündigung. Die Einbindung in ein Gelübde – das steht heute außer Zweifel – dient auch der Kontrolle über diese Frauen. Man wollte sie im Schutz, aber auch in der Ordnung und unter der Verfügungsgewalt halten. Man fürchtete, die Frau sei außerhalb der Ehe den sittlichen Gefahren der Männerwelt nicht gewachsen. Man konnte sich im kirchlichen Raum, das hat auch Amalie Sieveking gezeigt, keinen Platz der Frau außerhalb der Ehe oder einer schützenden Instanz vorstellen.

Löhe war nicht nur Geistlicher, sondern auch Unternehmer. Die Werke der Inneren Mission unterscheiden sich ja gerade durch ihre Planmäßigkeit, durch ihre Organisation von den Einrichtungen früherer Jahrhunderte. Sie waren rationell durchorganisiert, wie das für die Industriezweige in dieser Zeit auch gilt. Dieses »Unternehmen« war eine Reaktion auf die Nöte der beginnenden Industrialisierung, die Landflucht, die Verarmung des »vierten Standes«. Die Innere Mission suchte aber nicht die Bedingungen zu verändern, wie etwa die Sozialisten; vielmehr sah sie das Heil in der sittlichen

Wiedergeburt. Der »inneren Verelendung«, der »massenhaften sittlichen und christlichen Entartung« im Volk sollte moralisch begegnet werden. Das war die Aufgabe der Inneren Mission. Frauen wurden von allem ferngehalten, was ihre Reinheit gefährden konnte. Dazu gehörte auch, von unsittlichen Verhältnissen, zum Beispiel von der Prostitution, nichts zu wissen.

Agnes Neuhaus, die Begründerin des Katholischen Fürsorgevereines der Mädchen, Frauen und Kinder, begann ihre Tätigkeit in einem katholischen Hilfsverein. Sie wollte sich sozial betätigen. Der Armenverein gab ihr die Anschrift einer Frau, die sie in einer Klinik besuchen sollte. Die Pflegerinnen befanden sich in Verlegenheit, weil sie dieser vornehmen Dame nicht zu sagen wagten, auf welcher Station sie sich befand; die Frau litt an Syphilis. Schließlich klärte ein Arzt sie auf. Agnes Neuhaus war erschüttert. Sie hatte mit diesem Besuch zum ersten Mal von Prostitution und Geschlechtskrankheiten erfahren.

Wie sollte also eine Frau, noch eine unverheiratete sich in einem Milieu bewegen können, das durch sittliches Elend und den Verlust aller Ordnungen gekennzeichnet war? Sie konnte es offenbar nur in Tracht und unter Verzicht auf ihre Weiblichkeit. Sie mußte entsagen, um in diesem Milieu bestehen zu können. Die Frauen, die ehrenamtlich tätig waren, hatten ihren männlichen Beschützer in Form des Ehemannes. Die Diakonissen waren durch ihre Schwesterntracht geschützt.

Die Mutterhäuser waren wie Monarchien organisiert. An der Spitze stand jeweils der geistliche Vater. In kirchlichen Kreisen wird mitunter argumentiert, mit der weiblichen Diakonie sei die Innere Mission unter die Herrschaft des Matriarchats gekommen. Das erscheint mir ein grundlegender Irrtum. Die Diakonissen folgten stets dem Vorbild ihrer männlichen Gründer. Wenn sie in ranghöhere Positionen kamen, lebten und argumentierten sie wie ihre geistlichen Väter. Sie wirkten nicht wie Mütter, sondern wie Patriarchinnen.

Sieht man das Gelübde und die Organisation des Arbeitseinsatzes der Diakonissen vom unternehmerischen Gesichtspunkt, so wird die Funktionalität unübersehbar. Diese Frauen waren die billigsten Arbeitskräfte, die je in diesem Bereich gearbeitet haben. Sie bedurften zu dieser Zeit nur des Lebensunterhaltes, waren überall einsetzbar und jederzeit versetzbar. Die Diakonissenhäuser waren in einem Maße autonom, beweglich und einsatzbereit wie kein anderes soziales Unternehmen.

Die Frage ist für uns heute immer noch, was diese Frauen veranlaßt hat, in so großer Zahl in die Mutterhäuser zu gehen. Es war zum einen die Chance, Armut oder Beschäftigungslosigkeit zu entgehen, eine Aufgabe zu finden. Dies aber war verbunden mit der Selbstaufgabe, der Selbstaufgabe für ein großes Werk. Die Diakonissen gaben individuelle Zielsetzung und Entscheidung auf. Sie fühlten sich aber eins mit ihrem Schöpfer, hatten Anteil an Anerkennung und Ehre. An Stelle des individuellen Selbst trat ein kollektives, die gemeinsame Idee, die idealisierend überhöht wurde. Die Diakonissen erhielten zudem eine theologische Ausbildung. Damit wurde ihr Stand dem geistlichen Stand angenähert, was sie aus der Gruppe der übrigen Angestellten heraushob und gegenüber sozial Tätigen privilegierte, die das Gelübde nicht abgelegt hatten.

Mit Beginn des 20. Jahrhunderts gingen die Zahlen der Diakonissen rapide zurück. Das zeigt deutlich, daß eines der Hauptmotive die Suche nach einer beruflichen Tätigkeit war. In dem Maße, wie sich andere Möglichkeiten erschlossen, sind die Mutterhäuser leer geworden.

Es gab im 19. Jahrhundert noch andere Lösungen für die beiden Probleme, die für Amalie Sieveking im Mittelpunkt standen:

»Gleich bei der ersten Begründung meines Wirkens schwebte mir deutlich ein doppeltes Ziel vor: Linderung der Not unter den Armen war das eine; das andere: Erstattung des Mangels einer würdigen Berufstätigkeit für unser Geschlecht, eines Mangels, der mir in so vielen Fällen fühlbar geworden war.«

(Zit. n. *Döring* 1917, S. 48)

Malvida von Meysenbug hat in anderer Weise geholfen. Sie verband die soziale Tätigkeit nicht mit weiblicher Schwachheit und Unterordnung unter die männliche Führung, auch nicht mit religiös begründeter Entsagung. Sie begegnete uns bereits als Angehörige eben der Hamburger Frauenhochschule, die Amalie Sieveking im Brief an die Königin als »antichristlich« brandmarkte. Es lohnt sich, die Biographie dieser bemerkenswerten Frau näher zu betrachten und die zeitlich wie sozial bedingten Gemeinsamkeiten ebenso wahrzunehmen wie die Unterschiede im Umgang mit der eigenen weiblichen Identität.

3. *Malvida von Meysenbug:* »Ich diente einer Idee.«

Malvida ist am 28. 10. 1816 geboren. Sie wächst als Kind einer aristokratisch-konservativen Familie auf. Sie ist das vorjüngste von zehn Kindern. Ihr Vater ist hoher Beamter am Hofe im Kurfürstentum Hessen-Kassel. Malvida meint, ihre Eltern lebten in der »Mitte zwischen dem Überflüssigen und dem Notwendigen«. Über Vater und Mutter schreibt sie in ihren zunächst anonym erschienenen Memoiren (1876):

Mein Vater, der mit Geschäften überhäuft war, hatte nicht viel freie Zeit für seine Kinder; wenn er sich aber einmal mit uns beschäftigen konnte, so war es ein wahres Fest, denn es wäre unmöglich, eine redlichere, liebevollere, zärtlichere Natur zu finden, als die seine war.
Unsere Mutter war es, die sich damit beschäftigte, die künstlerischen Neigungen in uns zu wecken. Ihre Geistesrichtung gehörte jener geistigen Mitte der Zeit an, zu welcher die Humboldts, Rahel, Schleiermacher, die Schlegels und andere berühmte Zeitgenossen gehörten. Diese Richtung, zugleich liberal, patriotisch und philosophisch, hatte auch eine eigenthümliche Beimischung von dem Mysticismus, den die damals in höchster Blüthe stehende romatische Schule hinzubrachte. Verbunden mit der unabhängigen Natur meiner Mutter, führte diese Richtung sie sehr häufig zur Opposition gegen die Convention der Gesellschaft, an welcher die Stellung meines Vaters sie Theil zu nehmen zwang. Ganz besonders war dies der Fall bei der Wahl der Personen, aus denen sie ihren engeren Kreis bildete. Anstatt sie ausschließlich aus den Reihen der Aristokratie zu nehmen, wählte sie dieselben vielmehr nach den Eigenschaften des Geistes und Herzens, unbekümmert darum, welcher Schicht der Gesellschaft sie angehörten. Besonders gern zog sie die ausgezeichnetsten Mitglieder des Theaters herbei (...).

(*von Meysenbug* 1876, S. 11)

Ihre Bildung erhält Malvida wie ihre Schwestern durch Hauslehrer. Sie sieht sich im nachhinein sehr privilegiert, bleibt ihr doch der ganze Nachmittag, um sich mit sich selbst zu beschäftigen. Da es in ihren Vermögensverhältnissen nicht notwendig ist, sich um häusliche Arbeiten zu kümmern, kann sie sich mit all dem befassen, was

Malvida von Meysenbug

sich jungen Frauen dieser Zeit bietet: Aufenthalt im Freien, Musik, Literatur, Malerei, Theater.

Als kleines Mädchen ist sie schon tief beeindruckt von den politischen Ereignissen, mit denen der Vater verbunden ist. Sie erlebt mit, wie das Volk sich vor dem Palast des Fürsten versammelt, um seine Forderungen nach einer Verfassung vorzutragen. Sie leidet mit ihrem Vater, der eine Konstitution ausarbeitet:

Mein Vater begab sich nun mit Eifer an die Ausarbeitung derselben. Er entwarf sie auf so breiter und freier Grundlage, wie nur möglich. Aber er war tief gekränkt durch die ungerechten Angriffe, deren Gegenstand er fortwährend trotz seiner reinen Absichten und seines unermüdlichen Eifers war. Man beschuldigte ihn im Einverständnis mit der Maitresse gehandelt zu haben

bei der Vertheilung von Gunstbezeugungen an Leute, die es nicht verdienten, gegen die Fürstin und den Erbprinzen intriguiert zu haben, kurz das Instrument des Despotismus gewesen zu sein, während er den despotischen Neigungen des Fürsten stets energischen Widerstand geleistet hatte zum Besten des Landes, und sich des Beistandes der Maitresse nur bedient hatte, um Akte der Gerechtigkeit und Redlichkeit durchzusetzen.
Wie oft hatte ich nicht meine Mutter mit tödlicher Angst den Ausgang der Scenen im Schloß erwarten sehen, wo mein armer Vater allein gegen die unbezähmbaren Leidenschaften eines Menschen, in dessen Händen das Geschick von Tausenden lag, kämpfte. Ich fing an die zu hassen, die ihn verkannten, als ich sah, wie die Sorge in seinem verehrten Antlitz Furchen zog und wie das wohlwollende Lächeln, das es sonst verschönte, nie mehr darauf erschien. Ich nahm leidenschaftlich Partei für ihn gegen die Revolutionäre, doch wagte ich es nicht, im betrübten Familienkreis dem, was in meinem Herzen kochte, Luft zu machen. Wenn ich aber meinem Zorn nicht mehr gebieten konnte, dann flüchtete ich mich in das Zimmer der Dienstboten und hielt da eine glühende Rede über die Tugend meines Vaters und die Bosheit seiner Feinde. (*von Meysenbug* 1876, S. 29)

Malvida wird nicht religiös erzogen, nimmt aber am Konfirmandenunterricht teil.

Ich ging diesem Unterricht mit wahrer Inbrunst entgegen, ich hoffte die Offenbarung der Wahrheit zu empfangen und das Geheimnis des Lebens. Das Wort, das für immer mein Sein bestimmen sollte, zu finden. Ich nahm es ernst mit dem Heile meiner Seele. Ich wollte nicht bei den Worten stehenbleiben, sondern die christliche Askese in Wirklichkeit üben und den Sieg des Geistes über das Fleisch erringen, welche mir das Dogma als Ziel der Vollkommenheit zeigte. (*von Meysenbug* 1876, S. 54)

Das große Erlebnis, das sie erwartet, bleibt ihr aber versagt. Nachdem ihr die Religion nicht gab, was sie suchte, wendet sie sich zunächst der Natur zu, später der Kunst. Eine Reise mit der Schwägerin weckt ihre Liebe zum Süden. Sie dichtet und malt mit Leidenschaft. Auf das Malen muß sie jedoch verzichten, weil sich ihre Augen als gefährdet herausstellen. »Ich fühlte, daß dies Urteil richtig sei, aber es erfüllte mich mit Verzweiflung« (1876, S. 154). Für ihre weitere Entwicklung wird die Freundschaft und Liebe zu *Theodor Althaus* bestimmend. Über ihn schreibt Spranger (1916):

Die Religion von Theodor Althaus war wie die Feuerbachs ein Bekenntnis zum Diesseits und zum Menschen. Derselbe Geist, der ihn am Pfingstmorgen den Landleuten am Fuße des Hermannsdenkmals von dem Reich der Liebe predigen ließ, das sich auf der Erde verwirklichen müsse und nicht erst jenseits des Grabes, durchdrang auch seine politisch-demokratischen Anschauungen: weit über die Verhältnisse der Wirklichkeit hinaus wölbte er seinen Dom von Freiheit und Seelenadel, von Diesseitigkeit und Schönheit, ein Jünger Hölderlins zugleich und ein Streiter von 1848. So entstand auf dem Grunde von Religion und Schönheitskult, befruchtet von der leidenschaftlichen Liebe zu dem Wesenssinn des Freundes, auch in Malwidas Seele das politische Evangelium der Freiheit und Gleichheit: »Ich sah ein gewaltigeres Mittel vor mir, dem Ziele meines Lebens zuzueilen, als Religion und Kunst es gewesen waren, nämlich die Teilnahme, durch den Gedanken und die Tat, am Fortschritt der Menschheit.« (*Spranger* 1916, S. 36)

Über Jahre diskutiert sie mit dem Freund dessen Ideen und verfolgt mit großer Anteilnahme sein Schicksal als Theologe, Redakteur einer fortschrittlichen Zeitung und später – in der Restauration – seine Verurteilung, Kerkerhaft und schließlich Krankheit und Tod.

Malvida teilt die Hoffnung auf eine politische Wende durch die Entwicklungen des Jahres 1848. Sie ist begeistert von *Fichtes* »Reden an die Deutsche Nation«. Sie erhofft sich auch eine Befreiung der Frau durch die allgemeine Bildung. Sie lebt zu dieser Zeit mit ihrer Familie in Frankfurt und möchte die Diskussionen in der Paulskirche mitverfolgen, doch Frauen sind nicht zugelassen! Ein Saalordner schleust sie in die Kanzel der Kirche. Verborgen durch die schwarz-rot-goldene Fahne können dort einige Frauen sehen und miterleben, was sich in der Paulskirche vollzieht.

Mitten in dieser Aufbruchszeit faßt die Mutter Malvidas den Entschluß, in den Norden, in die Heimatstadt zurückzukehren.

Die Notwendigkeit, Frankfurt zu verlassen war wie ein Todesurteil. In einigen Wochen sollte diese Stadt das Zentrum der nationalen Entwicklungen sein, alle großen Entscheidungen sollten da vorgenommen werden, die besten deutschen Männer sollten sich hier versammeln und ich sollte in einen kleinen Winkel zurückkehren, den der große Lebensstrom nicht einmal berühren sollte. Ich fühlte einen grenzenlosen vernichtenden Schmerz. (*von Meysenbug* 1876, S. 121)

Malvida erlebt zum ersten Mal, wie stark sie an die Entscheidungen der Familie gebunden, wie sehr sie auf deren finanzielle Unterstützung angewiesen ist. Als sie bei einer Reise nach Berlin die politischen Diskussionen dort erlebt und sich in die Demonstrationen auf der Straße mischt, bereitet es ihr Qual, untätig sein zu müssen. Sie hört von den Niederlagen der Revolution in Dresden:

Und ich ohnmächtig, ohne mithelfen, ohne wenigstens mitsterben zu können. Da stieg aus der Tiefe meines Herzens ein heeres flammendes Verlangen: Das Verlangen zu leben und der gemordeten Freiheit in den Frauen Rächer zu erziehen, dadurch daß sie fähig würden, eine Generation freier Menschen zu bilden.
(*von Meysenbug* 1876, S. 121)

Mit dieser Überzeugung entfernt sich Malvida immer weiter von der geistigen und politischen Auffassung ihres Elternhauses. Ihre Vorliebe für Männer dieser Geistesart bringt sie ins gesellschaftliche Abseits. Die konservative Reaktion muß sie auch in ihrem persönlichen Leben schmerzhaft erleben. Sie beschließt deshalb, sich von ihrer Familie zu trennen. Sie möchte in die Vereinigten Staaten. Dort lebt einer der Söhne *Fröbels*, der sie einlädt, um an einer Bildungsarbeit mitzuwirken. Sie geht zunächst auf die Frauenhochschule nach Hamburg, das wird ihr von der Mutter noch gewährt. Die Mutter widersetzt sich jedoch einer Auswanderung:

Ich sprach ihr von dem unbekannten Freund, der mich in Amerika erwartete und an dem ich eine Stütze und einen Beschützer fände, sagte, daß sie mich außerdem aber auch zu gut kenne, um nicht zu wissen, daß ich meinen Weg auch allein ruhig und würdevoll gehen werde. Ich flehte sie an zu glauben, daß ich einer tiefen, aufrichtigen Ueberzeugung folgte, daß meine ganze innere Entwicklung zu diesem Ziele hingedrängt hätte, daß ich nichts thäte als mein Schicksal erfüllen, und daß ich sie bäte mich zu lieben, so wie ich sie bis zum letzten Augenblick meines Lebens lieben würde. Kurz, meine ganze Seele war in diesem Brief, und ich erwartete die Antwort mit tiefer Bewegung, denn meine Freunde wollten bald fort, und Alles mußte sich rasch entscheiden.
Die Antwort kam, traf mich vernichtend und erfüllte mich mit Staunen und Schmerz. Meine Mutter fand meinen Plan nicht nur tollkühn, sondern schuldig. Sie fand es unweiblich, daß ich

einem unbekannten Mann mit so viel Vertrauen entgegen gehen, und unglaublich, daß ich mich so weit von der Familie entfernen wolle. Ihr Brief war so bitter ungerecht, ich fühlte mich so rein ihren Vorwürfen gegenüber, daß eine gewaltige Empörung mein Herz ergriff. Ich kämpfte einen furchtbaren Kampf mit mir selbst durch und sah mit Haß in jenen Abgrund, in welchen religöse und sociale Vorurtheile die edelsten Naturen hinabziehn. Ich erkannte mir vollkommen das Recht zu, diese Ketten zu brechen und meinen eigenen Weg zu gehen, sollte ich auch keine andere Billigung finden als die meines Gewissens, und keinen andern Erfolg als den, meine persönliche Verantwortlichkeit behauptet zu haben. Aber – es war meine Mutter, von der mir dieser Schlag kam; von ihr, die mich so geliebt hatte, ehe der Konflikt der Ansichten uns trennte, und die mich noch liebte, trotz Allem. Das entschied!
Ich antwortete ihr, daß ich stets fähig sei, meine Wünsche ihrer Ruhe zu opfern, daß ich daher meinen Auswanderungsplan aufgebe, daß ich mir aber für ewig die Freiheit meiner Ueberzeugung vorbehalte, daß keine Macht der Erde mich darin hindern können würde, und daß ich gerade deßhalb geglaubt hätte, es würde ihr weniger peinlich sein, mich in der Ferne nach denselben lebend zu wissen, als in der Nähe unter ihren Augen.

(*von Meysenbug* 1876, S. 294f.)

Malvida, die, politisch gebildet, in der Lage ist, Vorurteile zu erkennen, kann sich über den Urteilsspruch der Mutter hinwegsetzen. Gegen die »Liebe« der Mutter aber vermag sie sich nicht zu wehren. Der Vorwurf, unweiblich zu sein, trifft sie tief.

Ich berichte diese Episode deshalb ausführlich, weil sie mir kennzeichnend erscheint für die Entwicklung der Emanzipation der Frauen im 19. Jahrhundert. Sie überwanden so viele Widerstände – mehr, als sie sich uns heute in den Weg stellen –, doch die Angst, unweiblich zu erscheinen, hat sie ständig begleitet und viele entscheidende Schritte der Emanzipation verhindert. Die Mißachtung der Konventionen zog den Verlust bürgerlicher Achtung nach sich und kam einem Verlust von Identität gleich. Die Mütter waren die Garanten der Bindung, die Hüterinnen dieser Weiblichkeit. Gegen solche Macht wagten sich die Töchter nicht zu erheben.

Die Lebenserinnerungen zeigen aber nicht nur die typische bürgerliche Familienbindung, sie geben auch Aufschluß über die in diesen Familien kultivierte Erlebnisverarbeitung, zu der nicht nur Malvida, sondern die Frauen in diesen bürgerlichen Familien generell erzogen wurden. Malvidas Selbstbiographie ist durchzogen vom Ausdruck großer positiver Gefühle. Negative Gefühle bleiben »tief im Innern«. Selbst als kleines Mädchen wagt sie es nicht, sich im Familienkreise Luft zu machen für das, »was in ihr kochte«. Es gehört zu dieser Lebenskultur, persönliche Gefühle nicht zu äußern. So schreibt Malvida beim Tod des Vaters:

Nichts unterscheidet, glaube ich, die Menschen mehr, als ihre Art, den Schmerz zu tragen. Die Freude, das Glück, öffnen gewöhnlich das Herz nach außen hin; sie theilen sich mit, und in ihren lauteren Tönen geht mancher Mißton unbemerkt vorüber. Aber der Schmerz macht eine Stille um uns, in der wir nur eine einzige, traurige und feierliche Melodie hören. So lange man dieses Requiem der Seele nicht stört, hat selbst der tiefste Schmerz seine Schönheit. Aber wenn das alltägliche Geräusch der äußern Welt wieder anfängt, wird der Zauber gebrochen, und dann beginnt für gewisse Naturen das zerreißende, unerträgliche Leiden, während Andere darin eine Erleichterung und Zerstreuung finden. Ich befand mich in dem ersten Fall. Mein ganzes Wesen war noch in dem concentrirt, der nicht mehr war. Jedes Wort, das mich in diesem Andenken störte, war mir qualvoll. Ich umgab ihn mit Lorbeern und Myrthen, und ich sah ihn an, diesen stillen Mann, dem meine Liebe nun nichts mehr sein konnte, ohne mich von dem Anblick losreißen zu können. In diesen Augenblicken verstand ich erst ganz die Schönheit der Beschreibung von Mignon's Begräbniß in Wilhelm Meister. Ja, wir sollten den Schluß der großen Lebenstragödie poetisch, feierlich verklären, und dann an unsere tägliche Aufgabe zurückkehren, von »dem Ernst, dem heiligen, erfüllt, der allein das Leben zur Ewigkeit macht«. (*von Meysenbug* 1876, S. 200)

Enttäuschungen über die Religion, Zurückweisungen in Freundschaften, Mißerfolge, all das verbirgt sie bei sich selbst. Über die Kränkung, die sie erlebt, als Theodor Althaus sich einer anderen Frau zuwendet, spricht sie mit niemandem, selbst nicht mit ihrer nächsten Freundin:

Sie überhäufte mich mit Zärtlichkeit und Liebe, aber ich konnte auch selbst ihr nicht den Abgrund von Schmerz zeigen, der sich in mir geöffnet hatte. Es war die Oede und die Einsamkeit des Grabes.

Zu Haus verriet ich nicht mit einer Silbe mein trauriges Geheimnis. Ich wollte Th... noch bewahren vor dem Haß, den die Meinigen gegen ihn gefühlt haben würden, hätten sie die ganze Tiefe meines Schmerzes gekannt. Aber in der Nacht, als ich allein war, fing ein Kampf zwischen Tod und Leben in mir an. Mein Herz schlug, als wollte es seine Bande sprengen, und der Tod wäre mir eine willkommene Erlösung gewesen. Endlich aber hörte ich (wie schon so oft in meinem Leben) eine Stimme aus der Tiefe meiner Leiden herauf, die mir sagte: »Sterben wollen, um nicht mehr zu leiden, ist Schwäche. Lebe für das Ideal, um das Gute in dir und um dich her zu vollbringen!« Und als der Tag kam, hatte ich das Leben mit seinen harten Consequenzen auf's Neue auf mich genommen, aber es schien mir, als wäre ich nicht mehr ich selbst. In solchen Nächten wie die, welche ich verbracht hatte, entscheiden sich die Geschicke der Menschen. Wenn der Mensch siegreich daraus hervorgeht, so ist es, um auf ewig ein Diener, ein Kämpfer der Idee zu sein. (*von Meysenbug* 1876, S. 230f.)

Malvida verarbeitet die persönliche Enttäuschung, indem sie sich der *Idee* verschreibt, der Idee des Helfens:

Ich nahm in Gedanken Abschied von dem Gefängniß, wo der lebte, der mir eine Zukunft als Gattin und Mutter unmöglich gemacht hatte. Noch einmal lieben, wie ich ihn geliebt hatte, schien mir unmöglich, und ohne eine solche Liebe schien mir die Ehe eine Entweihung. Ich hatte andere Ziele gewählt; ich diente einer Idee, ich kämpfte für ein Princip.
(*von Meysenbug* 1876, S. 276)

Sie besucht den schwerkranken Freund vor seinem Tod ein letztes Mal:

Am folgenden Morgen schied ich vor Tagesanbruch. Die Abfahrt des Zugs erwartend, ging ich auf der Plattform der Station hin und her. Es war frische aber ruhige Winterluft; über mir glänzten noch unzählige Sterne, aber im Osten zeigte ein dunkelroter Streif an, daß die Sonne wieder erscheinen werde, um diese Welt der flüchtigen Erscheinungen zu beleuchten. Mein Herz war mir so schwer, daß mir selbst die Thränen ihren Trost versagten. Ich starrte auf den purpurnen Streifen am Horizont und fragte voll Verzweiflung: »Was bleibt noch übrig auf der Welt?« – »Gut zu sein« antwortete es in mir. Ich klammerte mich an diesen einzigen Anker, und während der Dampf mich fern und ferner zog, betrachtete ich den Sonnenaufgang, und in meinem Herzen tönte es wie ein Hymnus an dieses glorreiche Schauspiel: »Gut zu sein, gut zu sein!« (*von Meysenbug* 1876, S. 335)

Malvida ist kurze Zeit Schülerin der Frauenhochschule in Hamburg, dann aber Mitarbeiterin. Die Frauenhochschule wurde gegründet von der freien religiösen Gemeinde. Das Ziel dieser Schule:

Die ökonomische Unabhängigkeit der Frau möglich zu machen durch ihre Entwicklung zu einem Wesen, welches zunächst sich selbst Zweck ist und sich frei nach den Bedürfnissen und Fähigkeiten seiner Natur entwickeln kann – das war das Prinzip, auf welches die Anstalt gegründet war. Man muß sagen, daß hier, wie auch in anderen deutschen Städten, der Gedanke der Emanzipation der Frau sich in Folge der freien Bewegung in der Kirche entwickelt hatte.
Die Frauen, welche die Hochschule begründeten, hatten aber eingesehen, daß es nicht genug wäre, den Frauen gleiche Rechte mit den Männern in der Gemeinde zuzugestehen, sondern daß man denselben auch die Mittel reichen müßte, würdig von diesen Rechten Gebrauch zu machen. Nun gab es eben für die Frauen, wie für das Volk, nur ein Mittel, die Freiheit zum Segen zu gestalten: Bildung. (*von Meysenbug* 1876, S. 282 f.)

Es gibt keinen geschlossenen Lehrplan, auch keinen Abschluß, der zu einer beruflichen Tätigkeit führt, also Bedingungen, die denen unserer Volkshochschulen vergleichbar sind.

Malvida betätigt sich auch im Armenverein der Gemeinde:

Ich betheiligte mich endlich auch an dem großen Armenverein, der ebenfalls von den unermüdlichen Stifterinnen der Hochschule gegründet war und außerordentlich viel Gutes that, indem er nicht blos Almosen austheilte, sondern durch reichlich belohnte Arbeit das moralische Gefühl der Armen belebte und durch persönliche Theilnahme an ihren Schicksalen sie aus der Isolirung des Elends heraushob. Ich bekam auch meine Anzahl armer Familien zu besuchen. Welches namenlose Elend sah ich da in der reichen, üppigen Stadt – welche tiefe moralische Versunkenheit! Eines Tages kam ich, ohne es vorher zu wissen, durch eine Straße, welche fast nur von Prostituirten bewohnt ist.

Ich sah deren mehrere an den offnen Fenstern oder vor der Thür, in der entsetzlichen Wahrheit des Tageslichts, wenn die Schminke und der verhüllende Flitter abgestreift sind. Es war das erste Mal, daß ich solche traurige Geschöpfe sah, und ein unnennbares Mitleid mit den Unglücklichen, welche die Armuth und die Sitten der Gesellschaft in den Abgrund stürzen, überfluthete mein Herz. Wie empört aber wurde ich, als ich hörte, daß diese Unseligen der Stadt eine Taxe bezahlen müssen, um ihre scheußliche Bestimmung ausüben zu können. Also profitirt der Staat von der Erniedrigung der Frau, von diesem Krebsschaden der Gesellschaft, von dieser Todsünde des öffentlichen Lebens! Mich ergriff ein glühender Wunsch, meine Anstrengungen nach dieser Seite hin zu wenden, und jenen Armen die neue Moral: daß die Arbeit den Menschen ehrt, statt ihn zu erniedrigen – zu predigen. Aber ich sah ein, daß auch für diese Reform der Boden erst bereitet werden müßte durch die Verwirklichung des Prinzips der ökonomischen Unabhängigkeit der Frau mittelst einer bessern Erziehung. Die Lösung der Frage konnte auch hier nur, wie überall, aus dem Grunde der Dinge selbst hervorgehen. Wie sollte man sonst eine moralische Revolution, die so tief in das Innerste des menschlichen Lebens eingriff in Staaten hervorbringen, welche die Unsittlichkeit beschützen und alle Infamie auf die Opfer des Elends und der Sclaverei zurückwerfen, während die wahren Missethäter vielleicht mit unter denen sitzen, welche den Staat regieren und die Gesetze machen helfen?

(*von Meysenbug* 1876, S. 300)

Zum ersten Mal benennt Malvida von Meysenbug hier den Zusammenhang von individueller Not und gesellschaftlicher Ordnung. »Armut und die Sitten der Gesellschaft« stürzen die Prostituierten in den »Abgrund«. Sie erkennt klar die doppelte Moral, fühlt sich jedoch zugleich ohnmächtig, zu helfen und zu handeln.

Als die Hochschule aus politischen Gründen geschlossen werden muß, auch in Hamburg geraten die Demokraten unter reaktionären Druck, fühlt Malvida sich heimatlos. Sie findet Unterkunft bei einer Freundin in Berlin. Anläßlich einer Hausdurchsuchung bei ihr, wobei ihr Briefwechsel kontrolliert wird, fällt ihre Entscheidung ohne Rückfrage bei der Familie. Sie folgt dem Rat einer Freundin: Geh, um frei in einem freien Land nach deinen Grundsätzen zu leben. Sie flieht vor der Untersuchungshaft nach England.

Beide Frauen, Amalie Sieveking und Malvida von Meysenbug arbeiteten in unterschiedlichen Armenvereinen in Hamburg. Amalie Sieveking war nicht nur eine sehr fürsorgliche, sie war auch eine sehr strenge Helferin der Armen. Sie hat diese Arbeit dokumentiert (1848). Was sie von sich und ihren Helferinnen erwartete, die Disziplin und Hingabe an die Tätigkeit, erwartete sie auch von den Armen. Malvida von Meysenbug wollte nicht nur die Armen unterstützen, sie wollte sie zugleich moralisch bilden, d.h. ihnen die Welt und ihr Leben im humanistischen Sinn erläutern. Als Demokratin stellte sie sich neben die Armen. Die Gleichberechtigung von Mann und Frau sollte für Arm und Reich gleichermaßen gelten.

Eine sinnerfüllende Tätigkeit für die Frau suchten beide: Amalie Sieveking sah sie in der sozialen Hilfstätigkeit, dem Manne untergeordnet in selbstverleugnender Liebe. Malvida lebte in Hamburg »ein Leben in Übereinstimmung mit meinen Grundsätzen, und meine praktischen Fähigkeiten wuchsen in deren freien Ausübung«. Ein solches Leben jedoch forderte Verzicht auf persönliche Wünsche und Einsatz der Kräfte im sozialen Engagement. Malvida diente der Idee. Die preußische Reglementierung war für diese Frau unerträglich, sie wollte frei sein. Sie fragte die Familie nicht, aber sie begründete ihre Flucht doch auch mit dem Hinweis auf ihren Bruder, der jetzt die Familie vertrat, sie wollte ihm die Schmach und Schande ersparen.

Diese starke Bindung der bürgerlichen Frau an ihre Familie, die besondere Rücksichtnahme auf den, der sie mit seiner Arbeit und seinem Namen repräsentiert – den Vater – möchte ich an einer politisch engagierten Frau des 19. Jahrhunderts beschreiben: an *Eleanor Marx.*

4. *Eleanor Marx:* »Ich kann es – Papa – einfach nicht erklären.«

Sieht man die Bindung der Frau an die bürgerliche Familie lediglich als Ideologie, so könnte man erwarten, daß Aufklärung darüber auch die Beziehungen in der Familie verändern müßte. Daß dies ein Trugschluß ist, läßt sich gut an der Familie von *Karl Marx* aufzeigen.

Den Zusammenhang von menschlichen Beziehungen und gesellschaftlichen Bedingungen hat wohl kein Denker des 19. Jahrhun-

Eleanor Marx

derts schärfer und deutlicher formuliert als Marx. Zu einer Veränderung der Beziehungen in der eigenen Familie hat diese Aufklärung nicht geführt. Mehr noch: Die Familie Marx ist ein Musterbeispiel für diesen Zusammenhang.

Das Familienleben war durch das Emigrantenschicksal und die ständigen Finanznöte geprägt. Marx war auf die finanzielle Unterstützung von Engels, der vermögend und großzügig war, angewiesen. Manchmal lebte die Familie in großer Armut, aber wenn es finanziell möglich war, wieder in einem gehobenen bürgerlichen Lebensstil. Marx hat zwar Arbeiterführer bei sich empfangen; die Familie lebte aber nie in ihrem Milieu. Seine Frau, Jenny Marx, stammte aus einer wohlhabenden Familie. Sie hatte stets eine Haushälterin, Lenchen Demuth, zur Seite, die treu durch alle Zeiten zur Familie stand. So konnte sie an der Arbeit ihres Mannes teilhaben. Sie hat seine gesamten Manuskripte abgeschrieben. (Marx hatte eine unleserliche Schrift).

Karl Marx kümmerte sich viel um die Erziehung seiner Töchter von klein auf, war ein geschätzter Vorleser und unterrichtete mit Freude und Stolz seine klugen Töchter, die selbstverständlich in seine politische Arbeit hineinwuchsen. Sie nannten ihn zärtlich »Mohr«. Der Umgang mit ihm war also weniger durch Konventionen geprägt als in anderen Familien. Jenny und Karl Marx achteten aber sehr auf Einhaltung der Konventionen nach außen. *Margarete Mitscherlich-Nielsen*, die die Briefe der Töchter kommentiert, meint: »Die Familie war typisch patriarchalisch strukturiert und von viktorianischen Sittenvorstellungen beherrscht« (*Mitscherlich* in: *Meier* 1983, S. 8).

Als die Töchter ins heiratsfähige Alter kamen, verhielt Marx sich wie alle bürgerlichen Väter. Er sah streng darauf, daß die Schwiegersöhne reich und vermögend waren. Als guter Patriarch wollte er die Töchter versorgt wissen. Es gibt Dokumente, Briefe aus der Familie, die zeigen, daß Marx in diesem Fall ein geradezu spießiges Verhalten an den Tag legte, was zum Beispiel Kleidung und Zeremonien betrifft.

Im Grunde traute Marx seinen eigenen Erziehungsgrundsätzen nicht: Er versuchte, so weit wie möglich das Leben seiner Töchter zu ordnen, wollte sich aber nicht auf deren Entscheidungsfähigkeit verlassen. Auch nach der Verheiratung der beiden älteren Töchter wurden alle wichtigen Entscheidungen ihres Lebens mit dem

Elternhaus abgestimmt. Welche Probleme diese liberale Väterlichkeit für die Ablösung von Töchtern mit sich brachte, möchte ich am Beispiel der dritten Tochter Eleanor verdeutlichen.

Eleanor ist 1855 als sechstes Kind geboren. Zwei ältere Schwestern leben zu der Zeit noch. Sie wird als Nesthäkchen von diesen besonders geliebt. Sie ist besonders temperamentvoll, lebhaft und intelligent. Marx schreibt an Engels: »Das Kleinste, das Baby, ist ein merkwürdiger Witzbold, und ich behaupte, daß she had got two brains«, das heißt zwei Gehirne. Das war bei einem zweijährigen Kind sicher der Einfall des Vaters! Ihr späterer Schwager *Lafargue* erinnert sich, daß sie ein reizendes Kind mit dem Charakter eines Knaben war. Der vor Eleanor geborene Sohn war gestorben. Vielleicht suchen die Eltern, besonders der Vater, den Sohn in ihr. Marx widmet sich gerade ihr viel. Sie lernt zum Beispiel von ihm Lesen und Schreiben. Deshalb sieht sie nicht ein, warum sie zur Schule gehen soll.

Alles, was aus dieser Zeit über Eleanor überliefert ist, zeigt, daß sie ein glückliches, geliebtes, wohl auch etwas altkluges und verwöhntes Kind war, lebhaft und charmant. Am 28. Januar 1863 schrieb die Mutter, wie immer voll Stolz an Berta Markhein: »Die dritte, die Kleine ist ein wahrer Ausbund von Lieblichkeit, Grazie und kindlicher Tollheit. Sie ist das Licht und Leben unseres Hauses«. Selbst aus Krankheiten sog sie Honig: als sie mit fünf Jahren ernstlich an Gelbsucht erkrankte, tyrannisierte sie als »Chinese« die ganze Familie – sogar Vater Marx mußte »chinesisch« geschriebene Briefe zur Post tragen. Aus dieser Zeit stammt Jennys Neckname Kaiser von China, und Tussy wurde in Familienbriefen noch Jahrzehnte später gelegentlich Kronprinz von China genannt – neben vielen anderen Spitznamen wie Alberich, der grimmige Zwerg, Quiqui.

(*Zimmermann* 1984, S. 140)

Sie wächst als kleines Mädchen schon in die Gedankenwelt des Vaters hinein, die sie bis zu ihrem Tode leidenschaftlich vertritt. Die Mutter ist stolz darauf, daß Tussy – ihr Kosename – Politikerin von »top to bottom« sei.

Als Folge dieser intellektuellen und freiheitlichen Erziehung will Eleanor als junges Mädchen ihren eigenen Weg gehen und Schauspielerin werden. Marx aber widersetzt sich. Der Wunsch bleibt ihr bis nach seinem Tode 1883 verwehrt. Mit siebzehn Jahren verliebt sie sich in Olivier Lissagaray. Marx verbietet seiner Tochter diese Beziehung, sie aber bleibt ihr eigenwillig über neun Jahre treu. Sie fühlt sich als Braut, kann aber nur selten mit dem Geliebten zusammentreffen. Sie will dies auch nicht gegen den Willen des Vaters tun. *Zimmermann* zitiert einen Brief der Neunzehnjährigen an ihren Vater:

»Lieber Mohr, ich möchte Dich um etwas bitten, aber zuerst möchte ich, daß Du mir versprichst, nicht furchtbar ärgerlich zu werden. Ich möchte wissen, lieber Mohr, wann ich L. wiedersehen darf. Es ist so schwer, ihn nie zu sehen. Ich habe mir so große Mühe gegeben, geduldig zu sein, aber es ist so schwierig, und ich habe das Gefühl, ich kann's nicht mehr.
Ich erwarte gar nicht, daß Du sagst, er dürfe hierherkommen. Ich will das nicht einmal – aber kann ich nicht ab und zu mit ihm spazierengehen? ... Niemand wird sich darüber wundern, uns zusammen zu sehen, da ja ohnehin jeder weiß, daß wir verlobt sind. Als ich in Brighton so krank war (eine Woche lang fiel ich jeden Tag zwei-, dreimal in Ohnmacht), kam L. mich besuchen, und er verließ mich jedesmal kräftiger und glücklicher, und besser imstand, die wirklich schwere Last auf meinen Schultern zu tragen ... Es ist so lange her, seit ich ihn sah, und ich fange an, mich regelrecht elend zu fühlen, und alle meine Versuche, fröhlich und im Gleichmut zu bleiben, scheitern. Ich kann nicht mehr. Glaub mir, lieber Mohr, wenn ich ihn gelegentlich sehen kann, das hülfe mir mehr als alle Rezepte von Dr. Anderson – ich weiß es aus Erfahrung ...« (Zit. n. *Zimmermann* 1984, S. 116)

Diese Bitte und ihre Krankheit führen zu einer leichten Lockerung des väterlichen Verbots, aber die Eltern versuchen weiterhin, die Verbindung zu verhindern. Einer Trennung vom Elternhaus steht auch im Wege, daß die Mutter Mitte der Siebziger Jahre schwer erkrankt. Tussy ist als Pflegerin gefragt. Je weniger die Mutter den Vater unterstützen kann, ist sie wahrlich »doppelt belastet«, auch vom Vater gefordert. Sie wird seine Sekretärin, weil sie als eine der wenigen seine Schrift entziffern kann. Sie begleitet ihn nach dem Tod der Mutter 1881 auf seinen Reisen. Auf einer dieser Reisen wird Tussy sehr krank. Marx, der mit seinem eigenen Leiden und seiner schwierigen Situation beschäftigt ist, kann oder will die Situation der Tochter nicht wahrnehmen. Tussy leidet unter Magersucht, Depression und Schlaflosigkeit. Auch jetzt weiß sie besser als ihre Ärzte, was ihr fehlt, was sie braucht. Sie schreibt an ihre Schwester:

Ich fühlte mich zu krank zum Schreiben oder zu sonst einer Tätigkeit und wegen meiner Besorgnis um Papa, dem ich doch so gern helfen möchte, hätte ich so schrecklich Angst davor, völlig zusammenzubrechen wie schon einmal. (...)
Es hat nur Papa geärgert und besorgt gemacht, und mir hat es nichts genützt. Er war böse, daß ich geschrieben hatte, ich sei krank, und ihm nichts gesagt hatte. Das war ziemlich hart, denn ich hatte natürlich nur nichts gesagt (und da ich wirklich krank bin, war das, gelinde gesagt, gar nicht so leicht), um ihm alle Besorgnis zu ersparen! Ich klage außerdem überhaupt nicht gern – und vor allem Papa gegenüber nicht –, denn er schimpft mich dann richtig aus, als ob ich mich auf Kosten der Familie »gehenließe«, und das plagt mich dann noch mehr als alles andere. Was weder Papa noch die Ärzte noch sonst jemand verstehen will, ist, daß ich hauptsächlich *seelischen Kummer* habe. Papa redet davon, daß ich mich »ausruhen« und »kräftiger werden« müsse, bevor ich irgend etwas versuchen könne, er will einfach nicht sehen, daß »Ruhe« das letzte ist, was ich brauche, und daß ich viel eher »kräftiger würde«, wenn ich einen konkreten Plan und eine konkrete Arbeit hätte, als ewig weiter zu warten und zu warten. Wenn ich im Augenblick wirklich gebraucht würde, um Papa zu pflegen – wie zum Beispiel, als er so krank war –, würde ich meine Lage nicht so empfinden; aber gegenwärtig braucht er mich nicht wirklich, und es macht mich halb wahnsinnig, hier zu sitzen, während vielleicht meine *letzte* Chance, etwas zu tun, dahingeht. Hätte ich nur ein *wenig* Geld, würde ich mir entschieden sagen: ich arbeite jetzt hart mit Mrs. Vézin, und dann schau ich (Du darfst Dich darauf verlassen, daß ich nicht irgend etwas Unbesonnenes machen werde), was ich tun kann. Ich bin nicht mehr jung genug, um meine Zeit mit Warten zu verlieren, und wenn ich das jetzt nicht *bald* machen kann, wird es überhaupt sinnlos sein, es noch zu versuchen.
Aber ich habe kein Geld (ich meine, nicht einmal genug, um mit meinen Stunden auch nur anzufangen), und das *ist* hart. Wirklich, Jenny, ich glaube, ich *könnte* etwas tun. Ich kann nicht glauben, daß Mrs. Vézin so gesprochen hätte oder mir angeboten hätte, mich zu lancieren, wenn sie nicht glauben würde, daß ich *einige* Aussicht auf Erfolg habe. Es kann sie schließlich nicht interessieren, jemand Unfähigen zu lancieren. Du weißt, Liebe, daß ich überhaupt nicht eitel bin und daß ich nicht an übergroßem Selbstvertrauen leide, sondern mir eher zu wenig zutraue, aber hier sehe ich, daß ich weiterkommen könnte. Ich habe zu oft – und bei ganz verschiedenen Leuten – gesehen, daß ich bei

meinen Zuschauern Gefühle auslösen kann, und das ist das Wichtigste. (Ich wünschte so, ich könnte Dir einmal etwas vorspielen, ich würde so gern wissen, was *Du* davon hältst.)
Nun, das alles geht mir natürlich ständig durch den Kopf. Wie Du leide ich stark unter Schlaflosigkeit, und wenn erst mal die Gedanken kommen, kann ich einfach nicht mehr einschlafen. (Ich habe lange Zeit hindurch verschiedene Medikamente propiert – das sag ich Dir ganz entre nous – und möchte ungern wieder welche nehmen. Im Grunde ist das auch nicht viel besser als Trinken und fast, wenn nicht genauso schädlich.) *Seit ich hier bin, habe ich noch keine sechs Stunden geschlafen.* Du kannst Dir vorstellen, daß – von den andern Sachen ganz abgesehen – das allein einfach unerträglich ist, und ich habe jetzt wirklich Angst, völlig zusammenzubrechen, und möchte wegen Papa alles tun, um das zu vermeiden. Am meisten fürchte ich mich aber davor, die Ärzte zu konsultieren. Sie können und wollen nicht sehen, daß seelische Bedrängnis genau so eine Krankheit ist, wie körperliche Beschwerden es wären.
Liebe Di, ich habe Dir das alles erzählt, weil ich möchte, daß Du mich *verstehst.* Ich fürchte auch so, daß mein geliebter Mohr denkt, ich sei wehleidig und unzufrieden, aber ich *kann* es ihm einfach nicht erklären. (In: *Meier* 1983, S. 108f.)

Tussy kann den leidenden Vater nicht alleinlassen:

Ventnor
15. Januar 1882

Liebste Di,
Papa sagte mir, Du hättest ihm über mich geschrieben, und aus dem, was er gesagt hat, sehe ich, wie lieb du von mir gesprochen haben mußt. Nachdem ich Dir letzten Sonntag geschrieben hatte, habe ich es fast bereut, denn es scheint mir so selbstsüchtig, Dich mit meinen Angelegenheiten zu belästigen, wo Du doch bestimmt genug eigene Sorgen hast. Und noch selbstsüchtiger scheint es, daß ich überhaupt an mich denke, statt nur an unsern lieben Mohr. Wie sehr ich ihn liebe, kann niemand wissen, und doch müssen wir alle schließlich unser eigenes Leben leben, und so oft und hartnäckig ich es auch versucht habe, ich kann einfach nicht meinen Wunsch ersticken, noch *etwas zu versuchen.* Auch die Aussicht auf Unabhängigkeit verlockt mich sehr. Aber so sehr mich diese Gedanken auch beschäftigen und quälen, sie sind nicht mein einziges Problem. Es ist noch *viel* anderes dazuge-

kommen. Ich habe seit langem den Entschluß zu fassen versucht, meine Verlobung zu lösen. Ich *konnte es* einfach nicht über mich bringen – er ist so lieb, so aufmerksam und geduldig zu mir gewesen –, aber jetzt habe ich es getan. Es war nicht nur so, daß ich die Belastung einfach nicht mehr aushalten konnte, ich hatte auch andere Gründe (es würde zu lange dauern, sie Dir brieflich zu beschreiben, aber wenn ich Dich sehe, erzähle ich Dir alles), und so habe ich schließlich allen Mut zusammengenommen. Und jetzt, Liebe, habe ich eine *große* Bitte an Dich, daß Du nämlich, wenn es möglich ist, Lissa manchmal bei Euch empfängst und ihn ganz als alten Freund behandelst. Denk daran, daß er in dieser Sache *schuldlos* ist. Ich hoffe, daß wir die besten und vertrautesten Freunde bleiben, und nichts wird da so nützlich sein, als wenn Du und Longuet weiter mit ihm verkehren. Ich bin sicher, daß Du verstehst, wie ich hierin empfinde. Ach, es ist ein schrecklicher innerer Kampf gewesen! Ich wundere mich manchmal, wie ich das alles überleben konnte. Ich glaube wirklich, daß ich, dank meinem langen Umgang mit Katzen, inzwischen auch neun Leben habe wie sie. (In: *Meier* 1983, S. 171 f.)

Erst nach dem Tode des Vaters 1883 widmet sich Tussy ihrer Neigung zum Schauspiel. Sie lebt dann unverheiratet mit Edward Aveling zusammen, den sie nach der Trennung von ihrem ersten Verlobten kennenlernte. So führt sie ein Leben nach ihren Normen, doch es orientiert sich letztlich an der Beziehung zum Vater. Sie setzt sich aktiv für die Verbreitung seiner Werke ein, zerstreitet sich fast darüber mit Engels, dem von ihr so sehr geschätzten »General«. Kurz vor seinem Tode erfährt sie von ihm, daß er nicht, wie sie geglaubt hatte, der Vater von Freddy Demuth war.

Helene Demuth, die Haushälterin der Familie Marx, war Köchin, Putzfrau, Krankenpflegerin, Kindermädchen und spätere Vertraute der Töchter in einer Person. Das uneheliche Kind dieser sich der Familie Marx aufopfernden Frau war Freddy Demuth, der am 23. 6. 1851 geborene Sohn von Marx, dessen Vaterschaft Engels übernahm. Erst am Totenbett von Engels erfährt Tussy die Wahrheit. Das war ein schwerer Schock für sie, besonders deswegen, weil sie wußte, daß Freddy nach seiner Geburt gleich in Pflege gegeben wurde, kaum jemand sich um ihn kümmerte, geschweige denn, daß er das Haus der Marx' betreten konnte, als Marx noch lebte und seine Mutter dort Haushälterin war. Solange Tussy glaubte, daß Engels der Vater von Freddy war, hatte sie ihm wegen seines ablehnenden Verhaltens diesem gegenüber viele direkte und indirekte Vorwürfe gemacht. Das mag dazu beigetragen haben, daß Engels am Ende seines Lebens nicht mehr bereit war, über seinen Tod hinaus diese »Schande« auf sich zu nehmen oder als Schuft angesehen zu werden.

(*Mitscherlich* in: *Meier* 1983, S. 13)

Doch es gibt keinerlei Zeugnisse in ihren Briefen oder auch von Freunden nach ihrem Tod, daß Eleanor je deswegen Kritik an ihrem Vater geäußert hätte. Der Schock bleibt unverarbeitet. Wie dem Vater bleibt sie auch ihrem Partner Edward Aveling treu, der sie betrügt und finanziell ausbeutet. Nach einer schweren Krise in dieser Beziehung nimmt sie sich das Leben. Wie *Margarete Mitscherlich* ausführt, bleibt sie der doppelten Moral des Vaters und des Partners gegenüber hilflos. Die Aggressionen kehrt sie gegen sich selbst. Für Vater und Partner darf sie nichts als Liebe empfinden. Im Grunde orientiert sich Eleanor an der Mutter, die ihr das Frauenbild vorgab. Arbeiten zu können, schien ihr der einzige Weg zur Selbständigkeit zu sein.

Eleanor lernte also sowenig wie ihre Mutter und ihre Schwestern, sich gegen die Männer, die sie liebte, aufzulehnen. Auch dann, wenn sie eigene Wege zu gehen versuchte, orientierte sie sich an der Haltung und den Ansichten der ihr am nächsten stehenden Männer. Solidarität mit anderen Frauen, gemeinsamer Kampf gegen die Tyrannei der Männer, kam ihr gar nicht in den Sinn, sowenig wie sie Werte vertreten oder ein weibliches Selbstverständnis entwickeln konnte, das nicht den Ansichten ihrer männlichen Vorbilder entsprach. Frauen, wie ihre Mutter und ihre Schwester Jenny, liebte und bemitleidete sie, aber Vorbilder waren sie, verglichen mit den Männern, die sie verehrte, kaum. Die Briefe der Marx-Töchter muten in Ton und Inhalt sehr modern an. Die Probleme dieser Frauen und die Art, wie darüber gesprochen wird, unterscheiden sich nur wenig von denen der Frauen heute. Ein von den Vorstellungen der Männer unabhängiges Selbstverständnis aufzubauen, ist offenbar ein langwieriger Prozeß, der noch keineswegs abgeschlossen ist.

(*Mitscherlich* in: *Meier* 1983, S. 17)

5. Weiblicher Masochismus oder Sklaverei?

Das 19. Jahrhundert hat zur Rolle der Frau nicht nur affirmative Literatur hervorgebracht, wie sie etwa Campe, Lorenz von Stein oder gar Hermann Löhe verfaßt haben (s. oben). Es gab auch Wissenschaftler, die sich mit der Frau dieser Zeit analytisch befaßt haben. Zwei von ihnen, einen politischen Philosophen und einen medizinisch ausgebildeten Psychologen, habe ich ausgewählt, weil sie – jeder ein Mann – zu völlig gegensätzlichen Aussagen über die bürgerliche Frau kommen, wobei der Arzt-Psychologe bei weitem die größere Resonanz gefunden hat. Es handelt sich um *John Stuart Mill* und *Sigmund Freud.* Mill ist als einer der geistigen Väter der Demokratie bekannt geworden; darüber geriet seine Schrift »Die Hörigkeit der Frau«, die in Übersetzung 1869 in Berlin erschien, in Vergessenheit. Sigmund Freud publizierte seine einschlägigen Veröffentlichungen zwar erst zu Beginn des 20. Jahrhunderts; er sammelte seine tiefenpsychologischen Erfahrungen über Frauen aber mit Patientinnen, die nach der Tradition der bürgerlichen Erziehung der Frau des 19. Jahrhunderts erzogen worden waren. Trotz des Zeitunterschiedes erscheint die Deutung Mills in vielerlei Hinsicht fortschrittlicher als Freuds Beitrag zur Psychologie der Frau. Ich will daher zuerst Freuds Interpretation darstellen.

Sigmund Freud: Penisneid und Masochismus

Vorweg: Die Äußerungen Freuds zur weiblichen Psychologie wurden von seinen Anhängern förmlich zum Dogma erhoben und von den Gegnern als Dogma angegriffen. Weithin übersieht man, daß Freud selbst bescheidener war: »Ich habe es auch noch nicht dahin gebracht, einen Fall vollkommen zu durchschauen, beschränke mich daher auf die Mitteilung der allgemeinsten Ergebnisse und führe nur wenige Proben aus meinen neuen Einsichten an« (GW XIV, 1952, S. 519).

Eine zweite Einschränkung sollte man einbeziehen. Freuds Analysen dauerten (mit 40–60 Sitzungen) nur ein Bruchteil so lange wie gründliche Analysen heute. Zu diesen relativ kurzen Analysen paßt eine Aussage Freuds:

Die Einsicht in die prä-ödipale Vorzeit des Mädchens wirkt als Überraschung, ähnlich wie auf anderem Gebiet die Aufdeckung der minoisch-mykenischen Kultur hinter der griechischen. Alles auf dem Gebiet dieser ersten Mutterbindung erschien mir so schwer analytisch zu erfassen, so altersgrau, schattenhaft, kaum wiederbelebbar, als ob es einer besonderen unerbittlichen Verdrängung erlegen wäre. Vielleicht kam dieser Eindruck aber davon, daß die Frauen in der Analyse bei mir an der nämlichen Vaterbindung festhalten konnten, zu der sie sich aus der in Rede stehenden Vorzeit geflüchtet hatten.

(*Freud,* GW XIV, 1952, S. 519)

Noch ein drittes gilt es vorweg festzuhalten: Freud war ein Patriarch. Er ließ zwar Frauen zu seinen Vorlesungen zu, bildete sie zu Analytikerinnen aus, war ihnen mit Wohlwollen zugetan. Insofern gehörte er zu den liberalen Patriarchen. Zugleich hatte er offensichtlich Schwierigkeiten, seine Söhne und Töchter zu entlassen. *Lou Andreas-Salomé* meint in ihrem Dank an Freud:

Nichts gefällt mir besser, als an Ihrer führenden Leine laufen – nur eine richtig lange Leine muß es sein, so daß, sobald ich mich irgendwo zu weit ab verkraxle, Sie sie nur aufzuwickeln brauchen, damit ich dicht bei Ihnen auf demselben Boden stehe. Denn »bei Ihnen« heißt für mich dort, wo ich Sie immer aller Tiefe nahe weiß: beim Nächstliegenden. (*Andreas-Salomé* 1931, S. 47)

Marianne Krüll (1979) hat in einer sehr differenzierten Analyse nachzuweisen versucht, daß Freud seine eigene Vaterabhängigkeit nicht verarbeitet habe. Es sei ihm nicht gelungen, sich vom Auftrag seines Vaters lösen zu können. Sie sieht in der Behandlung seiner Schüler und Schülerinnen einen Wiederholungszwang.

Mit dieser Vorbemerkung will ich weder Freuds Interpretationen bestätigen noch kritisieren. Für unseren Zusammenhang ist allerdings wichtig, daß selbst Freud sich nicht aus der gegebenen bürgerlichen Familien- und Gesellschaftsstruktur lösen konnte.

Typisch für den Umgang mit Freud ist seine Idealisierung auch in der Kritik. Man nimmt Freud jetzt schon in der dritten Generation übel, daß er die Probleme der Frauen nicht adäquat gesehen habe. Als »Freud« hätte er es wissen müssen! Aber Freud hat es nicht gesehen und hat es nicht gewußt.

Selbst Lou Andreas-Salomé, die als 40jährige bei Freud zu lernen begann, blieb Tochter. Sie war eine für ihre Zeit emanzipierte Frau, sie hatte viel erlebt, sie war ihren familialen und bürgerlichen Bindungen entwachsen. Aber selbst wo sie in Abweichung und Gegnerschaft zu Freud schreibt, klingt es stets ergeben, ein wenig werbend, sich kleinmachend. Töchterlich-weiblich gibt sie zu erkennen, daß sie etwas beizutragen hat. Damit sichert sie sich Freuds Wohlwollen, seine Supervision und die Freundschaft mit seiner Tochter.

Eine andere Freud-Schülerin ist *Helene Deutsch:*

Aus einer zu intensiven Bindung an den Vater können sich neurotische Schwierigkeiten ergeben. Diese können jedoch vermieden werden. Wir kennen Töchter, die in einem zärtlichen, sublimierten Bündnis mit dem Vater eine große Harmonie und Befriedigung gefunden haben, trotzdem die Beziehung zu ihm die ganze erotische heterosexuelle Liebesfähigkeit absorbiert hat. Ein solcher Verzicht auf erotische Erfüllung darf nicht nach einer Schablone beurteilt werden. Die Beobachtung lehrt uns, daß sich eine sublimierte Bindung des Mädchens an den Vater ohne Neurose und ohne Gefühle der Versagung und Entbehrung entwickeln kann. Dies kommt besonders dann zustande, wenn im Vater selbst eine Bereitschaft besteht, eine solche Entwicklung der Tochter zu fördern, sie sogar zu provozieren. Manchmal soll die Tochter zum geistigen Erben des Vaters werden anstelle eines nichtgeborenen oder mißratenen Sohnes. Manchmal setzt sich eine stark sublimierte Liebe zur Mutter an der Tochter fort«
(Deutsch 1959, S. 227).

Ob Helene Deutsch dabei an die analytische Großfamilie dachte?

Doch nun vom Patriarchen Freud zu seinen Aussagen über die Frau. Ich verstehe die Feministinnen nicht, die deshalb, weil sie Freud als Patriarchen entlarven, seinen Aussagen keinen Wert mehr beimessen. Gerade, wenn man diese patriarchalische Haltung berücksichtigt, kann man wertvolle Hinweise erhalten. Viel zu einseitig bewegt sich zudem die Diskussion um Freuds Aussagen zur klitoralen oder vaginalen Erregbarkeit der Frau. Viel weitreichender sind seine Beiträge zu zwei Themen, die mit sozialen und gesellschaftlichen Bedingungen von Frauen zu tun haben und noch heute aktuell sind.

Das ist einmal der *Penisneid* und zum anderen die Aussage über die weibliche Passivität oder – wie Helene Deutsch später präziser ausführte – den *Masochismus der Frau,* ihre Leidensbereitschaft oder auch Leidenssehnsucht. Im Rückblick auf die Berichte der Frauen und ihre Probleme im 19. Jahrhundert bin ich überzeugt, daß Freud diese beiden Phänomene nicht erfunden, sondern tatsächlich vorgefunden hat. Die Benennung und die Rückführung auf eine biologische Anlage, wie Freud sie vornahm, ist dagegen überholt (*Mitscherlich-Nielsen* 1975 u. 1978). Ich möchte aber beim Befund bleiben.

Wenn man sich rückblickend die geschilderten Lebensschicksale der Frauen vergegenwärtigt, so kann dies gar nicht anders sein. Wir haben einmal die massive Verdrängung aller negativen Gefühlsregungen und zwar nicht nur der tabuisierten sexuellen, sondern aller aus Kränkung resultierender sozial-aggressiver Gefühle. In den bürgerlichen Familien gab es keine erlaubten Formen der Äußerungen von Wut oder Haß. Wir sind heute unbefangener und duldsamer mit den Kleinkindern, aber auch mit uns selbst. Wir wissen, daß Gefühle von Ärger, Neid, Haß, Eifersucht zu uns gehören und daß es andere Wege gibt, mit diesen negativen Gefühlen bewältigend umzugehen, als die Verdrängung oder Sublimierung, die sich klassisch z.B. bei Malvida von Meysenbug (s. o.) beschrieben findet. Eine Psychoanalyse im Sinne Freuds mußte diese Gefühle aufdecken. Freud hat sie *Penisneid* genannt; ich nenne sie *Neid gegenüber der Männlichkeit.* Dieser Neid war berechtigt. Die Benachteiligung der Frauen begann schon im Kinderzimmer.

Wie steht es mit der weiblichen Passivität? Heute nimmt kein Psychologe mehr an, daß das kleine Mädchen sich weniger lebendig, aktiv und neugierig der Welt zuwendet als es ein Junge tut. Damals aber gab es Beschränkungen, die wir uns heute kaum mehr vorstellen können. Man denke nur an die Kleidung der Mädchen, die vorgeschriebenen Spiele. Ein Mädchen noch um die Jahrhundertwende konnte nicht Schwimmen lernen. Wenn die Brüder sich im Wasser tummelten, lagen die Mädchen gesittet unter dem Sonnenschirm. Man hat ihnen in vielen Familien auch nicht erlaubt, Fahrrad zu fahren. Zu diesen Beeinträchtigungen kam die Beeinträchtigung im Wissen und Lernen. Sicher, es gab eigene Mädchenschulen, aber was im 19. Jahrhundert spannend, weitertreibend war, die Entwicklung von Industrie, Technik, Wirtschaft, blieb Mädchen versperrt. Wie sollten diese Frauen lernen, ihr Geschlecht zu lieben, dessentwegen sie soviel Unbill erfuhren? Wie wir heute wissen, handelt es sich dabei nicht nur um eine massive Triebeinschränkung, sondern um eine tiefe narzißtische Kränkung.

Doch Freud bleibt auch 1931 bei seiner Auffassung, daß die Sexualität der Frau eher passiv ausgerichtet und das aggressiv zugreifende eine typisch männliche Eigenschaft sei. Doch er räumt ein, daß er mit dieser Aufteilung nicht ganz glücklich sei, weil er nicht wisse, ob er alle Probleme damit richtig erfaßt habe. Das Thema »Töchter und Mütter« hat Freud wahrgenommen, es aber in seiner Denkweise so interpretiert, daß er meinte, die Mütter würden in der frühkindlichen Erziehung den Kindern, Jungen wie Mädchen, viel Triebverzicht abverlangen. Deshalb wäre sie eine stark ambivalent besetzte Bezugsperson. Darüber hinaus meint Freud, das kleine Mädchen würde der Mutter immer vorwerfen, daß sie es letztlich zu gering ausgestattet habe und den Bruder mit seiner besseren sexuellen Ausstattung bevorzuge. Die stärkere Zuwendung zum Sohn war damals sicher realistisch, wenn man bedenkt, daß gerade der Sohn, der den Familiennamen weitertrug, eine bevorzugte Stellung innerhalb der Familie hatte. Die Geburt und die Erziehung eines Sohnes, so Freud und nach ihm vor allem Helene Deutsch, sei die eigentliche Erfüllung der Frau, die Kompensation ihrer Minderwertigkeit. Im Sohn werde sozusagen die frühe Wunde geheilt.

Auch in dieser Hinsicht ist also zu verstehen, wenn sich die Mädchen von ihren Müttern zurückgesetzt fühlten. Bei den beschriebenen Frauen (z.B. Malvida von Meysenbug, Eleanor Marx), findet sich tatsächlich ein tiefes, unaufgeklärtes Ressentiment gegenüber der Mutter. Mir scheint dieses Ressentiment auch aus späteren Lebensphasen zu stammen, bei der die Mädchen erfahren mußten, daß die bürgerlichen Mütter sich mit den Moralvorstellungen der patriarchalischen Gesellschaft identifizierten und der töchterlichen Aktivität wie ihrem sexuellen Leben Grenzen setzten. Das mußte, wenn nicht zu Krankheit (wie bei Eleanor Marx), zu Sublimierung von narzißtischer wie sexueller Energien führen.

Wie der Junge strebt, so Freud, das kleine Mädchen die Beziehung zum Vater an. Der Junge identifiziert sich mit den männlichen Verhaltensweisen. Für das Mädchen liegt, so Freud, die Situation nicht so einfach, weil sie die Beziehung zum Vater nicht durch Identifikation lösen kann. Um seine Liebe zu erringen, muß sie sich seinen Wünschen anpassen. Die von mir beschriebenen Frauen hatten verständnisvolle Väter, die Freude an der Lernfähigkeit ihrer Töchter hatten und sie an ihrem Wissen teilhaben ließen, ja, wie Marx, besonderen Ehrgeiz entwickelten, ihre Töchter zu bilden. So konnten die Mädchen ihre intellektuellen Kräfte und Fähigkeiten entwickeln, wußten aber, daß sie diese der besonderen Zuneigung ihrer Väter verdankten. Dies vertiefte die emotionale Bindung. In bezug auf die geistige Entwicklung verlief ihre Geschichte also nicht anders als die von Söhnen; aber wo der Sohn ehrenvoll in die Fußstapfen des Vaters trat, gerieten sie in eine soziale Falle. Als Frauen in der Männerwelt konnten sie zwar ihre Aktivitäten entfalten; man bezeichnete dies dann aber als »männlich« und wertete ihre Weiblichkeit damit ab. (Bei der Freundschaft Malvidas von Meysenbug mit Theodor Althaus wird das besonders deutlich.) Sicher findet man bei diesen Frauen, man muß da nicht nur an äußere Lebensformen denken, »männliches Verhalten«. Aber wie sollten sie ein weibliches Verhalten in dieser Männerwelt entwikkeln? Wenn sie männliche Positionen einnahmen, etwa als Rednerinnen auftraten, dann bauten sie die Vorträge so auf, wie sie das von ihren männlichen Vorbildern gelernt hatten. Sie lernten »männlich« zu diskutieren und sich durchzusetzen.

Es ist eigentlich unfaßbar, mit welcher Akribie Helene Deutsch (1948) – nach Freud – in der »Psychologie der Frau« versucht, alle intellektuellen und sozialen Anstrengungen der Frau als unweiblich, als Folge des Männlichkeitskomplexes und bloßen Protest zu diskriminieren. Als Beispiel dafür: Bei der Beschreibung des Männlichkeitskomplexes bezieht sich Helene Deutsch sehr ausführlich auf *George Sand,* eine emanzipierte Frau im 19. Jahrhundert. Sie ist Schreckbild und Gegnerin aller Frauen, die die Grenzüberschreitung fürchten. So kann sich Helene Deutsch noch im Jahre 1931 über die männliche Bekleidung George Sands ereifern. Aber wie kam George Sand auf die Männerkleidung? Sie lebte in Paris. Sie wollte gerne ohne männliche Begleitung ausgehen. Die finanziellen Mittel für eine Equipage hatte sie nicht. Die Pariser Nebenstraßen, in denen sie wohnte, waren voll Schmutz. Normale Frauenschuhe weichten nach kurzer Zeit durch. Deshalb besorgte sie sich Männerstiefel. Sie konnte nicht allein ausgehen, deshalb kleidete sie sich in Männerkleider. Männerkleidung als Schutz, gleichsam als Tarnung zur Bewegungsfreiheit in der Männerwelt, war ein beliebtes Mittel für neugierige Frauen vor und nach George Sand. Aber wohin führte diese schreckliche Verkleidung? George Sand ging ins Theater! – Die sozialen Umwälzungen des Ersten Weltkrieges, in der Frauen bewiesen, daß sie männliche Funktionen durchaus übernehmen können, die Zwanziger Jahre, der Nationalsozialismus, scheinen an Helene Deutsch vorbeigegangen zu sein. Sie blieb der Auffassung des 19. Jahrhunderts verhaftet. Zur Intellektualität von Frauen meint sie:

Nur einzelne, besonders begabte Mädchen ertragen ein Übermaß des Intellekts, ohne einen Schaden im Gefühlsleben zu erleiden, denn der Intellekt der Frau, die objektive Erfassung des Lebens, gedeiht auf Kosten ihrer subjektiven emotionellen Werte. (*Deutsch* 1959, S. 127)

Die wesensmäßige Bestimmung der Frau ist es, Ehefrau und Mutter zu werden. Wie die Frau zu ihrer sexuellen Erfüllung auf den Partner verwiesen ist, so braucht sie auch in anderen seelischen Bereichen die Bestätigung des Mannes.

Es kommt häufig vor, daß eine begabte Frau über den Wert ihrer eigenen Ideen im unklaren bleibt, bis sie dieselben Ideen von jemand anderem, den sie hochschätzt, empfangen hat. Dieses merkwürdige Zusammenspiel zwischen Projektion und Identifizierung hängt sicher mit der ganzen passiven Einstellung der Frau zusammen. Das Gefühl der eigenen Unsicherheit bei der produktiven Tätigkeit entspricht der tief wurzelnden Notwendigkeit des Weibes, von außen befruchtet zu werden, um schöpferisch zu sein. (*Deutsch* 1959, S. 117)

Dieses Bild der Frau ist die Reproduktion der bürgerlichen Ehefrau in analytischer Begrifflichkeit. Helene Deutsch, in der Nachfolge Freuds, sieht die Frau als passiv-masochistischen Charakter. Der glückliche Normalfall ist der erotische Typ, der sich narzißtisch mit dem aktiven Mann identifiziert: »Er ist herrlich und ich bin ein Teil von ihm«. Frauen, wie ich sie dargestellt habe, entdeckt sie dagegen als neurotische Figuren:

Was das weibliche Wesen, das dem erotischen Typus angehört, durch die »Liebe« erreicht, erreicht ein anderes auf mehr abgelegenen, eher sozialen Wegen. In der Bereitschaft, einer Sache oder einem Menschen in selbstloser Liebe zu dienen, mag ein Widerschein des weiblichen Masochismus liegen. Er kann auch hier, genau so wie in der direkten sexuellen Zuwendung, die normalen Grenzen überschreiten: die Frau setzt sich dann gerne Entbehrungen, Schmerzen und sogar der Gefahr des Todes aus. In der Verachtung der Gefahren, die sie bedrohen, erlebt sie – wie die erotische Frau auf ihre mehr normale Weise – zwei Befriedigungen: der Masochismus lebt unter dem falschen Namen des Heroismus, und das Ich zieht große Vorteile daraus, vor allem die Befriedigung der Selbstliebe. Dadurch wird hier wie dort die Möglichkeit eines Kompromisses zwischen Selbstbeschädigungen und Selbstliebe, d. h. zwischen Masochismus und Narzißmus geschaffen.« (*Deutsch* 1959, S. 149)

Es ist wie ein Jahrhundert zuvor, als die andere Seite der Frau, die nichtanpassungsbereite, aktive, neugierige, ausgreifende, dämonisiert wurde.

Ähnlich den Bürgerinnen in der frühen Zeit der Armenpflege, kann Helene Deutsch nur mit großem Staunen und moralischem Entsetzen soziale Mißstände, die sie von Fürsorgerinnen hört, sehen. Weibliche Prostitution z.B. wird »entlarvt« als weiblicher Masochismus.

Für die Beobachter, die sich mit dem Problem der Prostitution beschäftigen, ist es schwer verständlich, daß die Mädchen meist nicht imstande sind, sich aus den Klauen der »Bordellmutter« zu befreien, auch wenn man ihnen die Möglichkeit dazu gibt. Eine tiefgehende masochistische Liebesbindung an sie macht es ihnen unmöglich. Wer würde in diesem weiblichen Abschaum der menschlichen Gesellschaft eine Variante jener weiblichen Idealfigur erkennen, in welche das ekstatische, junge Mädchen in der Pubertät so schwärmerisch, jedoch meist mit schmerzlicher Wonne verliebt war, für die sie »leiden und sterben« wollte? (*Deutsch* 1959, S. 245)

Durch diese Kritik an Helene Deutschs These vom weiblichen Masochismus ist das Phänomen des Masochismus in der Sozialarbeit allerdings nicht eliminiert. Gerade in der modernen Sozialarbeit mit Frauen, wo wir es mit Gewalt zu tun haben, stoßen wir immer wieder auf dieses Phänomen. Aber wir wissen heute mehr über die Ambivalenz und vor allem aber über den Zusammenhang von

Sadismus und Masochismus, der nicht aufgeteilt werden kann auf das eine oder andere Geschlecht und auf seine Bedingungsfaktoren in der sozialen Umwelt (*Freire* 1972, *Fromm* 1974).

Bei der Kritik an Helene Deutsch scheint mir wichtig, festzuhalten, daß sie versucht hat, Freuds analytische Erkenntnisse mit der idealistischen Auffassung der Frau in Einklang zu bringen. Es ist eindeutig, daß sie mit ihrer Interpretation von Passivität und Masochismus weit über das hinausgeht, was Freud gemeint hat. Ich bin aber deshalb so ausführlich auf Helene Deutsch eingegangen, weil sie den Gegnern der Frauenemanzipation Argumente geliefert hat, z.B. den Vorwurf des Neides (Frauen wollen, was ihnen eigentlich nicht zusteht) und die Interpretation des Männlichkeitskomplexes (aktive Frauen bedienen sich männlicher Waffen zur Zerstörung der eigenen Weiblichkeit, ihr Ziel ist die Vernichtung des Mannes). Diese Argumente sind zu Allgemeinplätzen geworden, sie finden sich in der Argumentation prügelnder und gewaltsamer Ehemänner genauso wie bei Richtern, die bei Vergewaltigungsdelikten den Frauen masochistische Tendenzen unterstellen und sie entsprechend verhören.

John Stuart Mill: Versklavung der Frau

Ein ganz anderer Zugang zur Problematik der bürgerlichen Frau, die gesellschaftswissenschaftliche Interpretation, ist über psychologischen und biologischen Ansätzen immer wieder ins Hintertreffen geraten. So ist die Schrift von *John Stuart Mill* »Die Hörigkeit der Frau«, 1869 von *Jenny Hirsch* übersetzt und in Berlin verlegt, heute weitgehend vergessen. Hörigkeit ist im Englischen der Begriff für soziale Abhängigkeit, die das Verhältnis der Sklaven zu ihrem Herrn, der Vasallen zum Feudalherren beschreibt. Mill zählt zu den geistigen Vätern der Demokratie und reflektiert über eine möglichst gerechte, freiheitlich geordnete Gesellschaft. Er ist stolz auf die Errungenschaften der ersten Hälfte des 19. Jahrhunderts in England. Nachdem die Sklaverei endgültig abgeschafft ist, erscheint ihm die Abhängigkeit der Frau als ein Zustand, der die weitere Entwicklung der Gesellschaft behindert:

Diese Ansicht, welche ich begründen will, ist die, daß das Prinzip, nach welchem die jetzt existirenden sozialen Beziehungen zwischen den beiden Geschlechtern geregelt werden – die gesetzliche Unterordnung des einen Geschlechtes unter das andere – an und für sich ein Unrecht und gegenwärtig eines der wesentlichsten Hindernisse für eine höhere Vervollkommnung der Menschheit sei, und daß es deshalb geboten erscheine, an Stelle dieses Prinzips das der vollkommenen Gleichheit zu setzen, welches von der einen Seite keine Macht und kein Vorrecht zuläßt und von der andern keine Unfähigkeit voraussetzt. (*Mill* 1869, S. 1)

»Die Hörigkeit der Frau« ist eine Streitschrift für die Gleichberechtigung der Frau. Obwohl 200 Jahre dazwischen liegen, erinnert sie an die »Cautio criminalis« des Friedrich Graf von Spee (s. Teil I., Kap. 4). Mill ist Rationalist. Gleich von Spee kämpft er mit Argumenten, deren Richtigkeit kaum bestritten werden kann, gegen Gewohnheiten und Glaubenssätze, die tief im Gefühl verankert sind. Mill sieht und beschreibt, was Freud sehr viel später »Rationalisierung« genannt hat, an der Frauenfrage.

Man wäre jedoch in einem großen Irrthum, wenn man wähnte, die Schwierigkeit des Unternehmens läge in dem Mangel oder der Unklarheit der Vernunftgründe, auf welchen meine Ueberzeugung beruht. Ich habe mit andern Schwierigkeiten zu kämpfen, und zwar mit solchen, welche immer da entstehen, wo man es mit einer ganzen Masse sich streitend erhebender Gefühle zu thun hat. So lange eine Meinung sehr fest im Gefühl wurzelt, wird sie sich durch ein gegen sie geltend gemachtes Uebergewicht von Argumenten nicht erschüttern lassen, sondern weit eher an Stabilität gewinnen. Wäre die Meinung als Resultat eines Argumentes gebildet worden, so dürfte man hoffen, die Widerlegung desselben werde auch die Festigkeit der Ueberzeugung erschüttern; beruht sie jedoch lediglich auf Gefühlen, so wird man sich, je schlechter man vor dem Angriff der Argumente bestehen kann, um so eifriger daran klammern und sich übereden, die Gefühle müßten einen tieferen Grund haben, einen Grund, den die Argumente gar nicht zu erreichen vermögen. So lange das Gefühl besteht, wird es nicht aufhören, neue Verschanzungen aufzuführen, und die in die alten gelegte Bresche wieder auszufüllen. (*Mill* 1869, S. 2)

Das »Wesen der Frau«, das die deutschen Idealisten als anthropologisch gegeben betrachteten, ist für Mill eine Folge des gesellschaftlichen Abhängigkeitsverhältnisses.

Die Männer beanspruchen von den Frauen nicht nur Gehorsam, sondern auch Zuneigung. Alle Männer, nur mit Ausnahme der thierisch rohesten, wollen in der mit ihnen auf das innigste verbundenen Frau keine gezwungene, sondern eine freiwillige Sklavin, oder besser nicht eine Sklavin, sondern eine Favorite haben. Zu diesem Zwecke ist Alles angewendet worden, um den weiblichen Geist niederzuhalten. Die Herren aller übrigen Sklaven verlassen sich, um ihre Sklaven zum Gehorsam zu zwingen, auf die Wirkungen der Furcht, entweder der Furcht an und für sich oder der religiösen Furcht. Die Herren der Frauen verlangten mehr als einfachen Gehorsam, und sie wandten die ganze Macht der Erziehung an, um ihren Zweck zu erreichen. Jede Frau wird von frühester Jugend an erzogen in dem Glauben, das Ideal eines weiblichen Charakters sei ein solcher, welcher sich im geraden Gegensatz zu dem des Mannes befinde; kein eigener Wille, keine Herrschaft über sich durch Selbstbestimmung, sondern Unterwerfung, Fügsamkeit in die Bestimmung Anderer. Jede Sittenlehre predigt ihnen, die Pflicht der Frau sei, für Andere zu leben, sich selbst vollständig aufzugeben und keine andere Existenz als in und durch ihre Liebe zu haben, und die hergebrachte Sentimentalität behauptet sogar, daß dies der Zustand sei, welcher der eigentlichen Natur der Frau gemäß ist. Unter dieser Existenz durch ihre Liebe versteht man aber nur die eine, welche ihr zu haben gestattet ist – die Liebe zu dem Manne, mit dem sie verbunden ist, oder zu den Kindern, welche dazu dienen, das Band zwischen ihr und dem Manne noch fester und unlöslicher zu machen. Zieht man drei Dinge in Erwägung – erstens, die natürliche Anziehungskraft, welche die beiden Geschlechter auf einander ausüben; zweitens die vollständige Abhängigkeit der Frau vom Manne, so daß jedes Vorrecht, jede Freude, die sie hat, entweder sein Geschenk ist oder doch gänzlich aus seinem Willen entspringt, und drittens, daß die wesentlichsten Objecte menschlichen Strebens, Rang, Stellung, Ansehen, Bedeutung u.s.w. für die Frau im Allgemeinen nur durch den Mann erreicht werden können, so müßte es wirklich mit einem Wunder zugehen, wenn die Erlangung der größtmöglichen Anziehungskraft für die Männer nicht der Polarstern für die weibliche Erziehung und Charakterbildung geworden wäre. Nachdem nun aber dieses Bestreben einen so großen Einfluß auf das Frauengemüth erlangt hat und naturgemäß erlangen mußte, machen die Männer, geleitet von einem Instincte der Selbstsucht, dasselbe zum hauptsächlichsten Werkzeuge, die Frauen in der tiefsten Abhängigkeit von sich zu erhalten, indem sie ihnen Schüchternheit,

Unselbständigkeit und völliges Aufgeben des eigenen Willens an den des Mannes als diejenigen Eigenschaften darstellen, welche dem Weibe die größte Anziehungskraft für den Mann verleihen. Würde nicht jede andre Form der Knechtschaft, die abzuschütteln der Menschheit gelungen ist, noch ebenfalls bis auf den heutigen Tag bestehen, wenn man dieselben Mittel gehabt und so unausgesetzt angewendet hätte, um die Unterdrückten geistig zu beugen? (*Mill* 1869, S. 26f.)

In der Logik Mills ist, was Helene Deutsch später den weiblichen Masochismus nennt, ein Reflex auf diese verordnete Abhängigkeit: »In der Frauensache ist jedes Individuum der unterdrückten Partei in einem chronischen Zustande der gleichzeitigen Bestechung und Einschüchterung« (*Mill* 1869, S. 19).

Mill analysiert auch die Rechtssituation der Frau, die in besonderer Weise ihre Unmündigkeit aufzeigt. Er fordert Gleichheit und zeigt die Auswirkungen für die Mann-Frau-Beziehung:

Ich glaube, die Gleichheit der Rechte würde die Uebertreibungen der Selbstverleugnung, welche gegenwärtig das künstliche Ideal des Frauencharakters ist, auf ihr richtiges Maaß zurückführen, und eine gute Frau würde nicht selbstverleugnender sein, als ein guter Mann; dagegen bin ich überzeugt, die Männer würden viel weniger Selbstsucht und mehr Selbstverleugnung besitzen, als sie jetzt im Allgemeinen haben, weil man sie nicht länger lehrte, ihren eigenen Willen als etwas so Erhabenes zu verehren, daß er einem andern vernünftigen Wesen als unumstößliches Gesetz zu gelten hat. Nichts lernen die Männer schneller als diese Selbstvergötterung, zu welcher alle bevorrechtete Personen und bevorrechtete Classen nur gar zu leicht gelangen. (*Mill* 1869, S. 73)

Zu unserem Thema »Helfen« meint John Stuart Mill, daß Frauen, die gewohnt sind zu gehorchen und zu empfangen, nicht in der Lage sind, die Armen zur Selbsthilfe zu stärken. Sie behandeln die Armen vielmehr so, wie sie selbst behandelt werden, als Unmündige, Schwache, Ungehorsame.

Es kommt zuweilen vor, daß Frauen, welche öffentliche Wohlthätigkeits-Anstalten verwalten, vermöge der ihnen eigenthümlichen Einsicht in vorhandene Dinge und besonders durch jenes Eindringen in das Gemüth und Gefühl der Personen, mit denen sie in unmittelbare Berührung kommen, worin Frauen Männer so weit übertreffen, in der klarsten Weise den demoralisirenden Einfluß der gegebenen Almosen oder der geleisteten Hülfe erkennen und manchen National-Oekonomen über dieses Thema belehren könnten. Wie aber sollte man von Frauen, die nur ihr Geld geben und nicht Angesicht zu Angesicht mit den dadurch erzielten Wirkungen gebracht werden, erwarten, daß sie dieselben vorhersehen könnten? Wie sollte eine zum gegenwärtigen Loose der Frauen geborne und mit demselben zufriedene Frau den Werth der Selbständigkeit schätzen können? Sie ist nicht selbständig; sie hat die Selbständigkeit nicht kennen gelernt; ihre Bestimmung ist, Alles von Andern zu empfangen, und weshalb sollte, was gut genug für sie ist, von Uebel für den Armen sein? Der ihr geläufige Begriff von »Gutes empfangen« bezieht sich auf die Geschenke und Gaben von einem Höhergestellten. Sie vergißt, daß sie unfrei, daß der Arme aber frei ist, daß sie nicht gezwungen werden kann, das zu erwerben, was ihr, ohne daß sie es erworben hat, gegeben wird; daß nicht für Jeden von Jedem gesorgt werden kann, sondern, daß es Motive geben muß, Leute zu veranlassen für sich selbst zu sorgen, und daß die einzige Wohlthätigkeit, die sich bis ans Ende als Wohlthätigkeit erweist, einzig die ist, durch welche den Leuten, sofern sie physisch dazu im Stande sind, geholfen wird: sich selbst zu helfen. (*Mill* 1869, S. 154f.)

John Stuart Mill kennt nicht nur die gesellschaftliche und soziale Dynamik der Abhängigkeit, er weiß auch um das persönliche Glück von Unabhängigkeit.

Jeder Mann wolle sich ins Gedächtnis zurückrufen, was er empfand, als er dem Jünglingsalter entwachsen, frei von der Vormundschaft und Aufsicht selbst der geliebtesten und zärtlichsten Eltern, das Mannesalter mit der eigenen Verantwortlichkeit antrat. War es nicht, als sei ihm eine schwere Last abgenommen, oder als sei er von hindernden, wenn auch nicht in anderer Weise schmerzhaften Banden befreit worden? Fühlte er nicht noch einmal so viel Leben in sich, fühlte er sich nicht noch einmal so viel Mensch als zuvor? Und glaubt er, daß Frauen solche Gefühle nicht haben?
Die freie Entfaltung und der freie Gebrauch der eigenen Fähigkeiten ist aber nicht nur durch das dadurch erweckte Gefühl der eigenen Würde eine Quelle individuellen Glückes, die Fesselung und Unterdrückung desselben nicht nur durch die Beeinträchtigung der eigenen Würde eine Quelle des Unglücks für menschli-

che Wesen, also auch für Frauen. Nächst Krankheit, Armuth und Schuld ist nichts so verhängnisvoll für den freudigen Genuß des Lebens, als der Mangel an einem würdigen Wirkungskreis. Frauen, welche die Sorge für eine Familie haben, besitzen einen solchen Wirkungskreis, und er genügt ihnen im Allgemeinen; was aber wird aus der bedeutend anwachsenden Zahl von Frauen, die nicht Gelegenheit haben, den Beruf zu erfüllen, den man ihnen mit grausamem Hohn als ihren einzigen nennt? Was wird aus den Frauen, deren Kinder gestorben oder getrennt von ihnen sind, oder die erwachsen, sich verheirathet und einen eigenen Herd gegründet haben? (*Mill* 1869, S. 169, 171)

Mit dieser intellektuell-scharfen wie zugleich engagierten Analyse der bürgerlichen Frau des 19. Jahrhunderts will ich diese Zeit verlassen und untersuchen, wie es im Übergang zur Gegenwart um die Möglichkeiten bestellt war, weibliche Kraft in helfenden Berufen anzuwenden.

6. Weibliche Kraft im helfenden Beruf – Ende oder Erbe des Patriarchats?

Pionierinnen wie Amalie Sieveking oder Malvida von Meysenbug waren stolz, wenn sie ihre Arbeit als eigenständige Tätigkeit für Frauen definierten. 50 Jahre später, zu Beginn des 20. Jahrhunderts, haben wir nach Jahrzehnten des Bemühens und der ehrenamtlichen Arbeit bürgerlicher Frauen, Ausbildungsstätten für eine soziale Berufsarbeit. Frauen sollen befähigt werden, im Bereich der Institutionen sozialen Notständen zu begegnen. Das Helfen in Notsituationen wird zum Beruf. Wissen und Können löst, so könnte man unterstellen, damit spontanes, von persönlicher Motivation getragenes Handeln ab. Persönliche und fachliche Kompetenz tritt an die Stelle von Selbstlosigkeit und persönlichem Opfer. Die frühe Professionalisierung jedoch hat ein solches Ziel nicht verfolgt. Sie schuf zwar ein möglichst am Stand der damaligen Wissenschaften orientiertes Berufswissen, behielt aber gleichzeitig das Ideal des selbstlosen Dienens bei.

Von der Gründerin der ersten Schule *Alice Salomon* haben wir neben Schriften, die ihr hohes fachliches Niveau dokumentieren, auch Aufsätze und Ansprachen, mit welchen sie sich werbend an die Töchter aus bürgerlichen Familien wendet *(Salomon* 1912). Sie erwartet, daß diese jungen Frauen ihre weibliche Eigenart in den Beruf einbringen und in ihm Erfüllung finden. Soziale Gesinnung stellt sie dabei gegen ein Streben nach individueller Freiheit, nach Emanzipation. Auch Alice Salomon ist von Stolz erfüllt, daß es jetzt eine fachliche Ausbildung von Frauen für Frauen in diesem Bereich gibt. Ihr Stolz ist berechtigt: Lange und ausdauernd haben diese Frauen sich dafür eingesetzt, aber – das können wir heute mit Abstand sehen: Sie haben es deshalb erreicht, weil sie die bürgerliche Bestimmung der Frau in den Beruf übernommen haben.

Sie übersetzten Funktionen der Haushaltsführung, der Partnerschaft zum Mann, vor allem aber die Mütterlichkeit in berufliches Handeln. Leitbilder ihres Handelns waren die liberalen Väter. Ihnen blieben sie emotional verbunden, sie übernahmen damit aber auch die väterlichen, patriarchalischen Normen in den Beruf. Sie haben das Patriarchat internalisiert. Sie wollten die Rollen der bürgerlichen Familie nicht verändern. Aber sie wollten mehr teilhaben, dabeisein, Mitverantwortung übernehmen. Dafür waren sie dankbar.

Das ist keine Herabminderung ihrer Erfolge. Die Identifikation mit den Vätern ermöglichte ihnen den Schritt über die Schwelle des Hauses. Die Mütter konnten ihnen dabei nicht helfen. Diese Frauen blieben aber gleichsam in der töchterlichen Rolle, sie übernahmen das väterliche Bild der Frau. In der Regel blieben sie unverheiratet. Ihre Liebesfähigkeit, ihr Drang nach Verselbständigung, im analytischen Sprachgebrauch: ihre sexuellen und aggressiven Strebungen, waren in der Ursprungsfamilie gebunden. Diese Bindung war gleichsam der innere Halt, der ihnen ermöglichte, sich wie der Mann nach außen der Arbeitswelt zuzuwenden. In dieser Wendung nach außen erfüllten sie Aufgaben der Versorgung und der mütterlichen Pflege. Soziale Arbeit war von daher nur als Individualhilfe denkbar und vollziehbar. Vergleicht man jedoch den Aufgabenbereich und die Massennotstände dieser Zeit mit den Aufgaben der Familie, so wird unmittelbar deutlich, daß Alice Salomon von einer heroischen Aufgabe sprechen muß. Jede Individualhilfe nach dem Vorbild mütterlicher Pflege ist hier zum Scheitern verurteilt.

Diese ersten sozialen Berufsarbeiterinnen bewegten sich in ihrem Arbeitsbereich wie in einem großen Hauswesen, das mit viel

Umsicht verwaltet werden muß. Aber die Dimensionen der Berufsarbeit waren mit denen eines Hauswesens nicht mehr vergleichbar. Gegen eine andere Sicht und Organisationsform setzt sich Alice Salomon jedoch zur Wehr:

> Jeder kennt Fürsorger, die sich aus diesen Zweifeln in die Politik gerettet haben, in eine Bewegung, die zu einer neuen Gesellschaftsordnung führen soll. Aber wer das tut, gibt die Fürsorge preis, denn die Wirksamkeit des Fürsorgers ist mit der politischen Agitation nicht zu vereinen. Ein Fürsorger hat mit den ihm zur Verfügung gestellten Mitteln zu helfen, nicht aber die Gesellschaft umzustürzen. (*Salomon* 1927, S. 201)

Solche Aussagen geben Inhalte bürgerlicher Politik wieder, sie sind zugleich eine Aussage über den Bezug dieser Frauen zur Arbeit. Sie anders, politisch, zu sehen, wäre gleichbedeutend gewesen mit Veränderung ihrer Rolle in der Arbeit. Die bürgerlichen Frauen jedoch blieben ihren Vätern treu. Sie fügten sich in ihre Rolle mit den zur Verfügung stehenden Mitteln, das heißt: mit dem Einsatz ihrer Person so zu helfen, wie sie das bei ihren Müttern gelernt hatten.

Zu dieser Treue gehören auch Pflichtauffassung und hohe Arbeitsmoral. Sie nahmen ihre Arbeit sehr ernst, waren streng mit sich und ihren Mitarbeiterinnen. Sie waren gegen Spiel, Tand, Eitelkeiten. Pflichterfüllung stand über Genuß und Lebensfreude. Alice Salomon meint allerdings, daß auch die schönen Seiten zum harmonischen Leben gehören und zählt auf: Musik, Bücher, Blumen, Muse. Das aber sind durchweg sublimierte Formen des Lebensgenusses.

In der weiblichen sozialen Berufsarbeit wird der Reproduktionsbereich der Familie in die Arbeitswelt verlegt. Die typisch weibliche Arbeit ist dann ideelle Arbeit, der männlichen Erwerbsarbeit nicht vergleichbar (vgl. dazu *Lorenz von Stein).* Diese bürgerlichen Frauen verwirklichten im Beruf sich selbst, das heißt, die Idee bürgerlicher Weiblichkeit. Damit konnten sie aber nicht fordern, weder Status noch höheren Verdienst. Sie kämpften auch nicht für Selbstbestimmung am Arbeitsplatz. Administration und damit Planung und Kontrolle über ihre Arbeit blieb im wesentlichen in männlicher Hand. Die Frauen blieben damit, was sie in der Familie gelernt hatten, die Assistentinnen der Männer.

Da Arbeit und Beruf ihren Lebensraum darstellten, hatten sie keine Rückzugsmöglichkeiten. Sie verausgabten sich ganz. Sie erwarteten von ihren Klienten mehr, als diese ihnen geben konnten, nämlich sinnerfüllenden Ersatz für Gatten- und Kindesliebe (vgl. *Amalie Sieveking).*

Für ihre Klienten waren sie besorgte, strenge Mütter. Das heißt, bei aller Fortschrittlichkeit in der Sache ist ihnen die Auffassung geblieben, die Armen, Schwachen doch als klein und unmündig zu sehen. Die sozialistischen Kritiker haben sicher recht, wenn sie spüren, daß in diesem Verhalten auch das Klassenbewußtsein der bürgerlichen Helferinnen deutlich wird. Die Armen, Elenden kommen aus der Schicht unter der bürgerlichen. Verarmte Bürgerliche waren in diese Schicht abgeglitten. Frauen, die den ethischen Normen nicht entsprachen, sind »gefallen«. Die bürgerlichen Helferinnen wollten die Armen und Elenden »aufheben«, vor allem aber wollten sie sie bilden, wie sie selbst gebildet wurden. Sie definierten aber die Andersartigkeit im Leben der Hilfsbedürftigen stets als Mangel. Sie konnten nicht sehen, daß es auch eine andere Norm des Lebens gab, zum Beispiel bei Arbeitern im Zusammenleben von Mann und Frau, besonders im Hinblick auf die Sexualität. Die Normen für das rechte bürgerliche Leben konnten diese Frauen nicht in Frage stellen, waren diese doch Mittelpunkt ihrer so mühsam erworbenen eigenen Existenz. Sie konnten den Hilfsbedürftigen soviel Selbstbestimmung einräumen, wie sie das für sich bejahten, und das war wenig.

Sozialarbeit ist in den Anfängen ein weiblicher Beruf. Sie bedeutet *bürgerlich idealisierte Weiblichkeit.* »Fürsorgedamen«, so wurden diese Frauen karikierend benannt. In diesem Begriff verbinden sich – läßt man die Abwertung einmal außer acht – Herablassung und soziale Distanz. Das waren sicher Merkmale dieser tugendhaften, pflichtbewußten, arbeitsamen Töchter aus bürgerlichem Haus, der »Engel«, wie Campe sie in seinen »väterlichen Ratschlägen« nennt.

Mann und Frau sind heute vor dem Gesetz gleich. Die rechtliche Gleichberechtigung hat jedoch nicht die Wirkung gehabt, die John Stuart Mill sich erhoffte. Ökonomische Interessen haben sich als stärker erwiesen. Auch die von ihm beschriebenen affektiven Widerstände gegen eine Weiterentwicklung verzögern den Prozeß der Verselbständigung. So muß die Frau ihren Wunsch nach

Selbstverwirklichung immer noch im Konflikt mit Familienbindungen und oft gegen gesellschaftliche Konventionen durchsetzen. Bestimmte Formen des Lebensentwurfes werden idealisiert, andere dämonisiert.

Auch im dritten und letzten Teil dieses Buches will ich diese Fragen im Handlungsfeld des »Helfens« untersuchen. Der Bereich sozialer Hilfe hat sich ja schon im Mittelalter, erst recht aber im 19. Jahrhundert, als die Domäne herausgebildet, in der die Frauen die Schwelle des Heimes überschreiten konnten und trotzdem gesellschaftlich geduldet wurden. Helfen ließ sich mit Fraulichkeit, Mütterlichkeit vereinbaren. So läßt sich auch im Vergleich mit zurückliegenden Epochen sehr gut beurteilen, ob etwa ein Typus wie die heilige Elisabeth ein einmaliges historisches Phänomen war oder ob sich in dieser Figur grundsätzliche Weisen des Umgangs mit weiblicher Kraft zeigen, die auch heute noch fortwirken.

Dritter Teil:
Die »Fee« heute

1. Das organisierte Helfen

Im Wohlfahrtsstaat unserer Tage gibt es ein Recht auf Hilfe in Notlagen. Soziale Sicherungen bieten zumindest eine materielle Absicherung bei Arbeitsunfähigkeit, Unfall, Krankheit und Alter. Daneben wurde ein Dienstleistungssystem für psychosoziale Hilfen entwickelt. Es soll die Familie bei der Erziehung der Kinder unterstützen und in Lebenskrisen Hilfen anbieten. Beispiele für den Erziehungsbereich: Es gibt die Erziehungsberatungsstellen, Heilpädagogische Tagesstätten, beim Jugendamt Erziehungshilfen, die Erziehungsbeistandschaft, es gibt heilpädagogische Kinderheime, die Vermittlung in eine Pflegestelle u.v.a.m. In diesen Einrichtungen arbeiten Professionelle, d.h. Fachleute, die aufgrund ihrer Berufsausbildung sich Wissen und Können erworben haben. Sie sind fähig, Notlagen zu analysieren, sie haben Methoden zur Behandlung von psychosozialen Problemen entwickelt, auf die sie sich stützen können.

Die rechtliche Gleichstellung zwischen dem, der Hilfe sucht, und dem, der sie gibt, schafft einen neuen Rahmen für Hilfesuchende. Zur Rolle des Helfenden gehört nicht mehr, daß er sich hinabbeugt und dem Hilfesuchenden moralische Belehrung erteilt; heute begegnen in der Hilfesituation Fachexperten ihren Klienten.

Verwissenschaftlichung, Institutionalisierung und Verrechtlichung des Helfens macht es den Betroffenen nicht nur leichter. Verfahrensregeln und Vorschriften bestimmen die Hilfeleistung. Um so reibungsloser funktioniert die organisierte Hilfe, je bereitwilliger sich Helfer und Klienten in die Strukturen der Institutionen und in die Programme der Wissenschaft einfügen. Wir kennen diese Gefahr, deshalb formulieren wir das Recht auf Selbstbestimmung des Klienten in unseren Programmen stets aufs Neue, doch in der Praxis setzt sich häufig die Institution mit ihrem Programm durch, d.h.: Die Helfer haben schon im Kopf, wie geholfen werden soll, sie sehen ihre Methoden als Mittel, dieses Programm »an den Klienten« zu bringen. So erfährt – um beim Erziehungsbereich zu bleiben – eine ratsuchende Mutter bei den oben genannten Institutionen für ihr Problem verschiedene Diagnosen und verschiedene Lösungen. Der Vorwurf an die Mediziner, sie behandelten Krankheiten und nicht die Menschen, trifft auch für viele psychosoziale Hilfen zu. Die Folge ist Entfremdung; die Klienten fühlen sich nicht angenommen, vielmehr verwaltet oder subtil manipuliert. Die Helfer ihrerseits spüren den Verlust an Kreativität und mitmenschlicher Nähe.

Helfer und Hilfesuchende haben an ihre gegenseitige Beziehung besondere Erwartungen. Der Klient möchte von seiner Geschichte her, in der je eigenen Situation verstanden werden, der Helfer möchte seinerseits gerade in dieser Arbeit seine Fähigkeiten und Möglichkeiten verwirklichen.

Schmidbauer (1978) untersuchte, was Helfer »hilflos« macht und stieß dabei als Psychoanalytiker auf die persönliche Lebensgeschichte. Sie wird wiederbelebt, wenn die Verwirklichung des eigenen Selbst mit seinen frühkindlichen Beschädigungen im Beruf gesucht wird. Amerikanische Forschungen *(Aronson* 1983) beschäftigen sich mit dem »burn-out«, dem Ausgebranntsein, sie untersuchen die Arbeitssituation, in der Helfer stehen. Ich selbst möchte die Frage weiterverfolgen, wie Frauen heute sich mit den Erwartungen an den Beruf und ihrer eigenen Stärke auseinandersetzen. Frauen sind in Helferberufen überrepräsentiert. Die Fähigkeiten, die das Berufsbild prägen, scheinen übereinzustimmen mit dem, was sie in ihrer Sozialisation als typisch weibliche Eigenart erfahren haben.

In den bisher geschilderten Frauenschicksalen ist deutlich geworden, eine wie wichtige Bedeutung das Helfen für die Persönlichkeit der Helferinnen hatte. Anderen zu helfen, bedeutete z.B. die Erfüllung von Bedürfnissen nach Anerkennung, nach Verwirklichung einer moralischen Idee, nach Selbständigkeit, nach Lebenssinn. Die helfenden Frauen heute können – als Expertinnen in spezialisierten Organisationen der Hilfe – solche Bedürfnisse nicht mehr so ungebrochen einbringen wie in früheren Zeiten. Auch ihr Selbstverständnis als Frau hat sich mit dem gesellschaftlichen Wandel verändert. Um die Problematik darzustellen, habe ich zwei Fälle ausgewählt, in denen Frauen professionell helfen und hautnah spüren, daß sie ihren Beruf nicht als perfekt funktionierende Spezialistinnen ausüben können, sondern immer auch Frauen sind.

In beiden Beispielen trifft man auch wieder auf Idealisierung und Dämonisierung weiblicher Kraft. Es gibt sie auch heute noch.

2. »Sie haben versucht, die gute Fee zu spielen«

Den folgenden Bericht hat eine Kindertherapeutin (Inge) geschrieben, nachdem sie vom Tod ihres Klienten (Richard) erfuhr. Die Namen wurden geändert und einige Details weggelassen, die möglicherweise die Anonymität gefährdet hätten. Sonst wurde das Dokument original belassen.

I.

Richard ist tot – in roter Schrift –, so stand es auf dem Merkzettel mit den englischen Girlanden. – Richard ist tot. Eine Telefonnummer steht dabei – ich wähle – irgend jemand im Süden meldet sich, ist schlechter Stimung, nein, Herr B. ist ihm unbekannt.

Ob G. auch den Satz mißverstanden hat? Aber tot ist ein sehr einfaches, sehr klares Wort, und Richard gibt es nur den einen.

Ich warte und denke nach, dem klaren kleinen Wort – aber keine Gefühle regen sich, die Phantasie streikt – Verkehrsunfall? Schlägerei? Dann um halb elf – »Ja ich bin es, ja der Vater, Richard ist tot.« – Die ferne Stimme wird noch ferner, ich frage nach und bekomme Antworten, die ich nur teilweise verstehe – er hat Tabletten genommen – man hat ihn in seinem Appartement gefunden – bei der Hitze hat es gerochen – Polizei – Nachlaßverwalter – Dienstag Beerdigung – aber warum? Tja – er hat sich wohl nicht rausgesehen – keine Schwierigkeiten am Arbeitsplatz – da ging es gut – Sie haben versucht, die gute Fee zu spielen und haben es auch nicht geschafft. Die Stimme suggeriert Zufriedenheit – Du auch nicht – ich habe meine eigenen Sorgen. Ein Jahr arbeitslos wegen Krankheit – Richard war weiter »in der Halbwelt« – Dirnenkreise – kein Geld vom Arbeitsamt, keins von der Sozialhilfe. Das Appartement war sogar ganz ordentlich anzusehen – Schulden aufgenommen – Arbeitgeber hat gebürgt. Wenn ich mich von meiner Rolle als Vater distanziere, dann war das alles psychologisch vorprogrammiert ... Ich will nichts wissen über psychologische Programme – wie hat er gelebt? Keiner war da? Der Arbeitgeber war zufrieden und doch mußte er verwesen, um gefunden zu werden!

Ich sage, was man sagt. Seit zehn Jahren habe ich den Vater nicht mehr gesprochen – warum jetzt?

Noch ist alles draußen – nicht bei mir – einen Tag lang steht der Zettel vor mir – bis ich merke, daß sie langsam ankommt die Gewißheit, die unvermeidliche – psychologische Programm-Erklärungen nutzen nichts – die Betroffenheit bleibt. Ich habe die Tür zugemacht. Wen wollte er diesmal treffen – er hat es so oft versucht, und immer traf es ihn selbst am härtesten. Psychologisches Programm? Die Psychologin hat das nie überdacht.

Mit der Traurigkeit kommen die Bilder – Trauerarbeit nennen das Kollegen. Gehe ich zu ihnen mit meinem Kummer und meinen Fragen? Ich weiß, wie sie es deuten: »nicht bewältigte Gegenübertragung«. Ich kenne die Antworten seit Jahren, und ich weigere mich, sie zu akzeptieren – warum soll ich alles distanziert wegreflektieren? Mich selbst und die anderen ins Reagenzglas der Neurosenlehre setzen? Es entspricht nicht meiner Wirklichkeit. Ich sehe das freundliche, etwas gütige und zugleich müd-arrogante »Akzeptiergesicht«, »Aber Sie überfordern sich, was stellen Sie für Ansprüche an sich?« – Und die Freunde – ratlos: Aber als Psychologin mußt du dir doch erklären können, das konnte nicht gut gehen, das kannst du dir doch nicht anlasten?

II.

Nie haben sie mich entlassen aus meiner Rolle, nie haben sie mir geglaubt, daß das ganz anders ist. – Aber ich muß gerecht sein, es ging an mit der Psychologin: »Fräulein Doktor, wir haben da einen ganz schwierigen Fall«, sagte die Hortnerin: »Vormund, Kindesmißhandlung und jetzt wieder seit Tagen große Wunden am Bein, die nicht gepflegt werden. Die Schwester sagt, den Bankert wollen wir nicht mehr. Der Junge will es seinem Vater sagen am Wochenende.«

Ich sehe den siebenjährigen Richard in der Gruppe, blaß mit großen anklagenden braunen Augen – quengelnd und, wenn er angerührt wird von Kindern, giftig aggressiv, oder er läuft schutzsuchend zu den Erwachsenen. Die Kindergärtnerin voll von Mitleid mit dem Armen – die schrecklichen Eltern.

Anruf bei der Familienfürsorgerin – Ja, sie kennt die Familie, wir können ihn jederzeit herausnehmen – mit Polizei. Das Jugendamt hat die Vormundschaft; auf Drängen des Vaters, der an dem Kind hängt, wurde der Junge in die Familie zurückgegeben. Ich bitte um Aufschub – ich sehe noch nicht durch, und mit Polizei, nein – damals war ich noch stolz auf psychologisch humane Methoden. Wenn es schon sein muß, dann nicht mit Polizei.

Richards Mutter wird gebeten, sie kommt, die Augen voll Angst und Widerstand: Ich tu, was ich kann, ein schreckliches Kind, wenn Sie den hätten – und da keine Gegenaggression kommt, plötzlich die Klage, nicht eigentlich Klage, sondern ihre Welt – fatalistische Hinnahme einer uns unvorstellbaren kargen, rauhen, knechtischen Wirklichkeit. Uneheliches Magdkind, Pflegeleute, Kellnerin – weil das Kind kam, hat er mich genommen – bloß wegen dem Kind, und wenn was mit dem Buben ist, dann schlägt er mich und sagt: Nicht einmal dazu taugst du, trau dich und tu ihm was – und Richard ist so frech – er quält mich jeden Tag und lacht und sagt: Ich sag's dem Vater, wenn du mir was tust. – Einmal war er sehr frech, da hat der Vater ihn geschlagen und die Nachbarn haben es angezeigt – es sei schlimm gewesen, er schlage hart zu, sie könne ein Lied davon singen. Sie berichtet, weint still vor sich hin, ohne Protest. »Ich hab ihn nicht gewollt, sie haben ihn mir nicht abgetrieben, seit er da ist, habe ich keine Freude mehr am Leben. Er quält mich, und dann bekomme ich Prügel.«

Wieder einmal sehe ich so klar ein »warum« und bin ohnmächtig im »Verändern«. Warum zwingt man sie, Mutter zu sein, wo sie es nicht kann? Wo soll da Zuneigung wachsen können – Schulden, Enge, und am Wochenende der Mann, der abrechnet – sich wehren, sich verweigern? Sie schaut ungläubig, »Sie kennen ihn nicht – aber ich muß das Kind behalten, sonst ...«

III.

Ich lerne den Vater kennen, ich werde gewarnt, er ist behördenkundig, aggressiv. Man hört ihn auch hier durch das Haus brüllen, aber er spürt vielleicht das Interesse am Kind. Nach zehn Minuten sitzt er tatsächlich im Stuhl und redet und redet und verteidigt – seine Geschichte, die anderen sind schuld, die Behörden, der Vater, die Geschwister – aber er wird es ihnen zeigen: »mein Sohn«.

Es gibt viele Gespräche und dann einen gepackten Koffer, der Vater bringt seinen Sohn, ohne Prügel und Geschrei ins heilpädagogische Kinderheim. Es scheint geschafft. Werner zittert vor dem Vater, der bringt bei Kontrollbesuchen Opfergaben – jede Grausamkeit und Demütigung nimmt der sonst Widerspenstige hin wie ein Gottesurteil: »mein Vater«.

Die Mutter hat nie wieder nach ihm gefragt, der Vater sich von ihr getrennt, sie soll Dirne geworden sein, sie hat sich nicht befreien können, sie wurde weiter benutzt. Als sie die Schwester von Richard mit einbeziehen wollte, hat man diese zu Verwandten gebracht.

IV.

Richard war ein Schwieriger unter Schwierigen – aber bei allem ein Clown, liebenswert, verstand, die Lacher auf seine Seite zu bekommen. Die ersten Schulhefte – Kleckse und Fetzen wie die Kleider ...

Nach zwei Jahren, Richard ist neun Jahre alt, die Katastrophe: Das Heim muß geschlossen werden; der Tagessatz stieg um ein Drittel – ungeheuerlich, fand der Träger – ich kämpfte mit immer schwächeren Argumenten, eine Niederlage, die ich mir nicht verzeihe. Kinder verlegen, diese Kinder, das Unmögliche weiter praktizieren, wir wollten ein Zeichen setzen, und nun ritzen wir nur weiter in die Runen des Stigma – wir? – ich – es blieb bei mir. Der verantwortliche Träger: »Frau Doktor, wegen der fünf Kinder?« Wer diese Geringsten ärgert, dem wäre es besser ... Aber die Theologen haben sich um »Werke« zu kümmern, das Große, das Ganze, das Übergeordnete! Doch was soll das heute, ich hätte »stehen« müssen, nicht nachgeben. Aber ich fand keine Mitstreiter, oder habe ich nicht genügend gesucht?

Ich suchte und fand Plätze, auch für Richard. Aber dann bekam er Masern, das neue Heim nahm ihn nicht auf, das kleine Heim war zu, der Möbelräumer da, die »Tanten« weg. Wir zwei standen da, das Fieber war weg, es war Ostern. Da nahm ich ihn mit Koffer und Teddybär mit nach Hause. Abends lag er in meinem Bett, und als ich ihm über die Haare strich, meinte der Widerspenstige: »Das kannst du noch lange so weitermachen.« Er richtete sich ein bei mir über die Feiertage, und ich hatte nichts dagegen. Dann gab's acht harte Tage – Richard morgens in den Hort, ich in die Praxis. Richard in der Ecke – »Ich geh nicht mehr raus, ich eß nicht mehr« –

er wollte nicht mehr fort. Das Jugendamt: Wollen Sie nicht ganz die Vormundschaft übernehmen? – Nein, ich komme mit dem Vater nicht zurecht, er ist wichtig für Richard, ich bleibe Pflegetante.

V.

Richard, jetzt neun Jahre alt, riß aus, Richard klaute, er näßte ein – dann ein Heim, in dem er Fuß faßte. Alle vierzehn Tage oder drei Wochen gab es ein gemeinsames Wochenende. Wie andere Kinder zu den Eltern, ging Richard, »der niemand hatte«, zu mir. Es waren viele vergnügte Sonnentage mit Wandern, mit Einkaufen. Doch es gab auch immer wieder Pannen, Wutanfälle beim Skifahren – er fuhr erst einen Bogen, nachdem er sich im Tiefschnee den Knöchel verstaucht hatte. Richard wurde eingeführt in den Freundeskreis, benahm sich so schlecht er konnte. Andere Kinder staunten, als er wütend barfuß im Schnee stand, Skier und Skistiefel von sich geschmissen. Sie waren schuld, daß es nicht ging – 30 Minuten – dann konnte es weitergehen. Am Anfang Gefühle der Peinlichkeit – mit dem Kind, ist das das Ihre, wie kann man denn ...

Und immer wieder von ihm die Frage: »Kann ich nicht ganz dableiben?« Ich hätte so gerne ja gesagt, aber ich kannte sie, die berufstätigen Mütter, und dann – einen Vater brauchte er – für mich einen Partner, um für Richard einen Vater zu haben? Und Männer waren ungeheuer wichtig für ihn: Einmal mit Freunden beim Spazierengehen – Richard ging hinter dem Bauern übers Feld, breitbeinig, Hände auf dem Rücken, die Augen auf der Gerste. Ich traute meinen Augen nicht. Jeder Erbforscher hätte gejubelt über diese Ähnlichkeit im Bewegungsablauf. Er wollte einen Vater und groß und stark sein.

VI.

Es war nicht immer eitel Sonnenschein, es gab Sonntage voller Widerspruch – Richard wurde groß. Als er zwölf Jahre alt war, lud mich eines Tages der Heimleiter ein, ein gütiges Pädagogengesicht, leicht verlegen. Ob Richard in den Ferien nicht besser in der Gruppe bliebe, er bräuchte jetzt mehr die Gleichaltrigen statt der gütigen Frau – und Mutter. Ich verbarg mein Entsetzen – o Gott, jetzt wollen sie ihn dir wegnehmen, bloß nicht, laßt ihn mir, was habe ich verbrochen. Blitzschnell wägte ich ab – wenn ich mich jetzt »zeige«, dann hat er mich: »Es geht nicht um Sie, es geht um Richard.« Ich kenne doch die Aussagen über die frustrierten Frauen, die sich übermäßig an Kinder hängen – nur das nicht, sonst ist alles aus. Ich bleibe also fragend, auch verstehend, und argumentiere: Es gibt Ablösungsprobleme, Richard ist mit Kindern von Freunden zusammen usf. Es ist noch einmal gewonnen – aber was ist geschehen?

Richard spielt wohl die Heimmutti gegen mich aus, und ich hatte mir solche Mühe gegeben sie zu verteidigen, sie in den Mittelpunkt zu stellen, ihr, wenn Richard klagte, recht zu geben, hatte Geburtstag und Weihnachten nicht vergessen, auch war ich tatsächlich von Respekt für ihre Arbeit erfüllt. Alles hatte ich mit ihr abgesprochen, was Richard brauchte, was gekauft werden mußte, war auf ihren Geschmack eingegangen, weil ich weiß, weiß, weiß ... Aber vielleicht war das das Verheerende, ich hätte den besserwisserischen Heimleiter anschreien sollen, was ihm einfalle, hätte meine Liebe zu Richard verteidigen sollen mit Zähnen und Klauen – aber ich weiß, damit hätte ich mich ins Unrecht gesetzt. Ich verstand von dem Tag an Pflegemütter besser: Liebe ohne Legitimation – jeder darf lieben und haben – das »Haben« ist rechtlich geschützt. Aber Pflegetanten und Pflegemütter haben kein »Recht«. Nein, wenn sie lieben und nicht »lassen« können, sind sie egoistisch, frustriert, machen Kinder zu Objekten. Hätte ich mich vertreiben lassen sollen? Habe ich tatsächlich ihm nicht die Freiheit gelassen?

VII.

Nach Jahren kam der Vater wieder. Ein Besuch im Heim mit großen Geschenken. Er hat geheiratet, eine neue Existenz in Mitteldeutschland gegründet, die Schwester von Richard hat er zu sich genommen, jetzt wünscht er seinen Sohn. Richard, fast dreizehn, ist skeptisch, hin- und hergerissen. Er geht in den Weihnachtsferien zu ihm. Im Anschluß daran wird er krank, liegt im Bett und soll sich entscheiden. Wir erörtern das Für und Wider. Von meinen Wünschen spreche ich nicht.

Einmal komme ich zu Besuch, er hat ein Haus aus Lego gebastelt, das Haus des Vaters, die ganze Familie hat drin Platz. »Weißt du, wenn ich jetzt nicht gehe, dann kümmert er sich nie mehr«, sagt Richard nüchtern. Er weiß schon, daß es nicht leicht ist mit der Stiefmutter, aber er will gehen. Zum Schuljahresende soll es sein. »Weißt du, wir haben den Kleinen in der Gruppe, der wird von niemand geholt, du kannst ja den nehmen, er ist ein bißchen dumm aber lieb!« Da muß ich lachen – nein, so läßt sich das nicht »ablösen«, ich brauche kein »Kind«, kein Objekt für überflüssige Gefühle. Es war eben Richard – warum ist das völlig klar bei Partnern, warum in aller Welt denkt man, Kinder seien austauschbar? Grad sie sind doch einmalig und unverwechselbar. Es ist doch nicht nur ein Reflex auf ihre Kleinheit, Pflegebedürftigkeit – wenn man da grad so herauswachsen könnte, nein so ist es nicht. Versorgbares gibt es jeden Tag genug, so viele unglückliche Kinder, so viele Eltern. Mit Richard war es eben anders.

Es kommen Wochen, in denen wir noch Wichtiges zusammen erleben. Die Kinder des Heimes quälen Richard, die »Mutti« gerät aus dem Tritt (wie gut kann ich das verstehen!) und droht: »Du wirst schon sehen!« Richard freut sich auch so ungeniert auf sein Zuhause, meine Vermutung der Eifersucht bestätigt sich. Das Renommierkind der Mutti und des Hauses gesteht Richard in der Nacht: »Du hast es gut, du kannst hier raus.« Der Heimleiter ahnt das nicht, meint er doch, daß die Kinder Heimat hätten im Familienprinzip. Aber vielleicht bauen wir alle auf Illusionen.

VIII.

Richard wird abgeholt, ich mache mir keine Illusionen, es ist ein Abschied für immer, und er ist sehr hart. Ich denke und schwöre, nie mehr jemanden lieben zu wollen, wenn die Trennung so hart ist. Aber das merkt niemand. Nach einem Jahr kommt ein Brief, ich soll ihn doch einmal besuchen – bei einer Fahrt in den Süden komme ich vorbei. Ein Dorf, ein Hinterhof, wieder bei den »Fremden« sitzt die Familie, Richard groß – großsprecherisch – zusammen mit dem Vater, Pläne vom Hausbau, Beruf – alles in den Wolken.

Von mir erwartet man Geld für den Ausbau des Zimmers, Möbel. »Richard, wenn man so eine Tante hat, muß man das nutzen, haha –«. Die Tante zahlt wenig und geht, Richard scheint es ein wenig peinlich – oder habe ich das nur gemeint? Es scheint leicht bergab zu gehen, Schule und die Stellung im Dorf, Feindschaft zur Stiefmutter. Zwei Jahre später, Richard (sechzehn Jahre alt) ist im Heim, der Vater hat ihn rausgeworfen.

IX.

Wieder Jahre später ein Brandbrief der Vormünderin; Richard ist straffällig geworden: »Sie kennen ihn doch gut, was sollen wir tun?«

Ich fühle mich gerufen – ein langes Wochenende, ich fahre quer durch Deutschland, komme müde an vor dem Renommierheim mit psychologischer Behandlung – Freiheit – Selbstbestimmung – Richard ist nicht da – wo? Der diensthabende Erzieher weiß nichts, es ist ja ein Heim mit Freiheit. Ich rede mit dem Kumpel, er schwadroniert, ein schönes Zimmer, wie man es für junge Leute wünscht – kein »Heimcharakter«, aber der Kumpel, ein Heimkind – wie ich das doch kenne – lauern, unterwerfen, auftrumpfen – und schmeicheln, »vielleicht ein paar Kröten flüssig« und gekonnt taxieren: Was ist aus ihr rauszuholen?

Richard läßt mich antichambrieren vier Stunden lang – warum bin ich so schnell gefahren?

Er kommt – böser Blick, Tür zu, ich will nichts von dir – nur Ruhe und nach einer halben Stunde kommt es dann: »Du bist an allem schuld – meiner Mutter weggenommen – ich bin ein Heimkind geworden – ich mußte ja straffällig werden.«

Das mußte einmal kommen – wir gehen die Geschichte durch – erinnerst du dich – er will nicht, er will bei seiner Geschichte bleiben, nicht nachgeben müssen, nichts einsehen – dann allmählich: Er braucht Geld für den Transistor vom Kumpel, der wieder Schulden beim anderen hat, mit DM 100 ist alles beglichen. Schiefes Lächeln, zum ersten Mal denke ich »Ganove« und sage, daß ich nichts ohne das Einverständnis des Heimleiters tue – Richard tobt, wird ausfällig – geht in die Kneipe.

Ich sitze im Theater, warum bin ich da, in der fremden Stadt mit dem fremden Jungen?

Am nächsten Tag, Fahrt mit Richard in den Ort, wo der Vater wohnt – eine Siedlung mit Gärtchen – eins von den Häusern unverputzt, Unrat rundum – ein protziges Haustor, schmiedeeisern – »das ist unser Haus« – wieder ein neuer Ort und wieder isoliert. Die Läden sind geschlossen, die Familie ist verreist in den Norden. Die Nachbarn sind zugeknöpft auch gegen Richard – niemand redet mit ihm. Wir gehen in die Kneipe, eine Gruppe »Halbstarker«, Richard strahlt: »meine Kumpel«, sie nehmen keine Notiz von ihm, er sitzt als Fremder unter ihnen. Sie müssen auch weiter, schwingen sich auf ihre Motorräder und sind weg – Richards Bierglas ist noch voll.

Wir suchen die Schwester, sie wird Schwesternhelferin im Krankenhaus, sie hat frei, niemand weiß, wo sie ist.

X.

»Dann besuchen wir meine Freundin«, sie ist im Mädchenheim, hat ein Baby »nicht von mir«. Sonntag nachmittag, ich will mich an der Pforte melden, »ach was, das muß man nicht«, wir gehen unbehelligt durch die Räume, suchen das Zimmer der Freundin – ha, Richard, du, sagt eine Erzieherin, – »meine Tante«, sagt Richard über die Schulter – keine Fragen.

Die Freundin kommt mit Baby im Kinderwagen in den Garten – ein schöner Maitag. Ich komme mir sehr überflüssig vor – Richard mit der Freundin auf der Hausbank – sehr groß ist die Liebe wohl nicht, zu sagen haben sie sich gar nichts. Ich sitze auf der Sandkiste und lasse den Sand durch die Finger – drei kleine Mädchen hocken in der Kiste – viel Spielzeug, fast alles kaputt. Sie essen Sand, die Erzieherin auf der Hausbank sonnt sich, sie ist sauer, weil sie Dienst schiebt, so ein schöner Tag.

Es ist ein Modellheim – hier soll das Heimmilieu durchbrochen werden, wieder mal Familienprinzip. »Die Großen kümmern sich um die Kleinen«, so steht es im Bericht – die Großen raufen in der anderen Ecke des Gartens nur ab und zu unterbrochen durch das Mahnen der Erzieherin, die aufschaut, wenn es zu laut wird – die Kleinen essen Sand in der Kiste.

Ich bin weit weg – ein Auto fährt auf meine spielende Hand zu – mechanisch fülle ich es mit Sand – brum-brum fährt es weg – kommt zurück – wird wieder gefüllt – fährt zurück – ich bin in Gedanken weg. »Wie heißt du«? »Inge«. »Brum-brum, Inge«, das Auto wird gefüllt, dann Förmchen. Nach einer Stunde: »Du bleibst immer da – nicht?« Ich erschrecke zutiefst und schaue in große hungrige Augen – was muß das Kind vernachlässigt sein, wenn das bißchen brumbrum solche Wünsche weckt?

Es wird Zeit zu gehen, mit ein paar schönen großen Sandkuchen versuche ich mich zu verabschieden. »Deine Tante ist ganz geschickt, die könnten wir hier gebrauchen, Beschäftigung haben wir immer«, die junge Erzieherin ist sehr gönnerhaft – mühsam lächelnd dankt die Tante und wehrt ab.

Das Baby schreit, wir gehen mit hoch, die Mutter kann irgendwo die Flasche abholen, das Zimmer ist ein Idyll für Mutter und Kind – so wie wir Professionellen uns das vorstellen. »Die jungen Mütter sollen unbesorgt lernen können, Mütter zu werden« – Babykörbchen, Schrank mit Kleidern, Dusche und darüber ein Durcheinander von Kleidern, Schminke, Schallplatten – sie hat ihre eigene Welt über die »gute Absicht« gedeckt, diese hat keinen Aufforderungscharakter mehr. Sie hockt auf dem Bett und stülpt dem Kind die Milch ein, mit der freien Hand gibt sie Werner die Platten zu – ohrenbetäubender Lärm – Baby schreit und spuckt – die junge Mutter wird böse. Ich frage, ob ich es abnehmen darf »gerne!« – ein bißchen Hochnehmen, wiegen, aufstoßen – Baby seufzt – wie leicht ist auch es zufrieden zu stellen – es beruhigt sich, schläft ein.

Ich weiß nicht, was mich mehr verzweifelt macht, das abgehängt in der Ecke sitzen – Omarolle – oder das »Sehen«: Hier fängt alles wieder von vorne an – der Fürsorgeluxus – ich überschlage schnell, zwei Modellheime, der Tagessatz! Ich habe heute noch keinen Erzieher gesehen, der sich Richard oder seiner Freundin »zugewandt« hätte, auch nur richtig angesehen – sie haben »Dienst« – und sind antiautoritär – lassen Freiheit. – Baby will schlafen, bei zu lautem Schlagzeug zuckt es zusammen – soll ich jetzt autoritär sein oder bitten für das Baby? Die junge Mutter springt auf, küßt das Kind, es schreckt auf und schreit – »blöder Balg«. Warum müssen Kinder Mütter werden – wer in aller Welt hat dies Konzept entwickelt? – Richard »hat genug«, wir gehen.

XI.

Am nächsten Morgen: die Fachleute treffen sich, Vormünderin, Psychologe, Erzieher und Tante – »irre Kommunikation« – ich hoffe, von meinen Sorgen reden zu können, gemeinsam überlegen – die andern, feindselig vergleichend – Tante nicht mehr gefragt – sind nur angelogen, ausgenutzt – aber das weiß ich doch, warum haben sie mich angerufen? Richard muß sich selbst bestimmen! Aber ich bin doch seit sechs Jahren nicht mehr dabei. Es ist ganz primitiv, man will keine Fachleute, Fremde im Haus – das Konzept wird erst entwickelt – »Modell« – ich kann das nicht mehr hören – es geht doch um Richard, und er ist im Rutschen, er übt sich in der Rolle des kriminellen Außenseiters, sieht man das nicht?

Richard lügt sie nur an – dann stotternd – ja neues Einkleiden hat er nötig, kann so nicht in die Arbeit, hat alles versetzt, »wir kontrollieren doch nicht nach!« Die Fachfrau schweigt, und ich bin verzweifelt, wie soll das gehen, aber ich weiß es ja auch nicht. –

Ich treffe Richard im Kaufhaus – einmal anziehen – von Kopf bis Fuß wieder einmal – es ist mir gleich – Richard zwischen Unterwürfigkeit und Unverschämtheit. Solange er nur mein Geld »ausbeutet«, ist wenigstens klar, wozu ich tauge. Nachher Brotzeit mit Richard in der Cafeteria – er bekommt kein Geld für Platten des Freundes und Schiebergeschäfte – ich sage ihm, was ich glaube, was nicht, was er von mir zu erwarten hat. Zerknirscht, oder sehe ich es nur, zieht er ab, mit vielen Tüten, ich fühle mich so leer. Eine dicke Hausfrau vis-a-vis »mei Fräulein, ist das Ihr Bruder, es ging mir so ans Herz wie Sie geredet haben« – ich spüre meine Tränen, die Hausfrau schluckt mit, »nehmen Sie es sich nicht so zu Herzen, Sie sind ja noch so jung«. – Ich schaue wie ich weiterkomme, ich schiebe mich auf der Autobahn nach Norden, und immer wieder kommen die Tränen – und Zorn – warum haben sie mich gerufen – jetzt aber nie mehr – – –

XII.

Es gibt ab und zu eine Karte – und dann vor zwei Jahren (Richard ist 22) der braune Umschlag – ich kenne ihn – bundesweit Knastpapier – und der Inhalt, auch der ist »vorgegeben«: ein vom Schicksal Geschlagener – Du allein kannst mir helfen – ich bin nicht würdig – das letzte Mal – der typische Knastologenbrief – ist er das geworden? Mein Brief zurück: »So nicht«. Der Fürsorger schaltet sich ein, Sie sind die Letzte und Einzige, wo kommen wir hin, wir erwarten, daß Sie helfen: Unterkunft und Verpflegung und Arbeitsplatz, »Sie müssen doch Beziehungen haben«. Jetzt fängt der auch an! Ich wehre mich, ich will erst sehen, ob dieser Junge noch etwas zu tun hat mit Richard, ich fahre auf dem Weg in den Süden vorbei am »Modellgefängnis« (Renommiergefängnis – er hat wirklich alle »modernen Ansätze« genossen), die Leute im Dorf sehen mich merkwürdig an, auch so eine Angehörige.

Dann stehe ich vor dem Tor und erschrecke – es soll doch freiheitlicher Vollzug sein nach der Literatur. Die Realität: strotzender Knast – Gittertore – Gitterklappen – Kollege Fürsorger hat »Mittagszeit« – aber Richard kann ich sehen – bin angemeldet im Besuchszimmer. Im kahlen Raum mit Zigarettenautomat sitze ich und habe auf einmal Angst, warum bin ich hier – hier kann man nicht reden – ich kann über den Hof sehen – da kommen sie – es ist wie im Film. Ein Wärter schlüsselklappernd, dahinter ein langer

Kerl, leicht vornübergebeugt, lange Haare, Bart, bloß die Augen – ja das muß er sein – Guten Tag – Tür schnappt ein – Verlegenheit – dann ein Wortschwall, Knastgeschichten, Unterwerfung, gute Wärter, die Gefangenen sind es nicht wert. Ich Richard – hoher IQ – Programmierer – gute Chancen – letzte Chancen – weißt du noch ... Ich höre Drängen, Betteln, ich schäme mich, bin angewidert, möchte weglaufen, suche verzweifelt: ist noch was da? Finde etwas im Lächeln, an das ich mich klammere – nicht nur die Situation – verdammt, es gibt auch den Richard noch irgendwo unter dieser schrecklichen Rolle – ich komme mir schäbig vor und zugleich gedungen, ich stimme dem Drängen nach »Urlaub« zu, wage nicht »Bedingungen« zu stellen. Es ist so ungleich! Er muß hinter die Gitter, wenn wir uns trennen, ich steige ins Auto. Der Kollege hat immer noch Mittagszeit – ich werde erwartet, kann nicht bleiben.

Und dann der Urlaub: Richard nicht da – ein Anruf – »Ich bin betrunken, erschrick nicht, ich komme.« Es klingelt um 22 Uhr, er steht vor mir mit Sommerjacke, blau gefroren, eine Plastiktüte – das Bild des vernachlässigten Knastologen – Zorn und Empörung – warte Genosse Fürsorger, ist das der »moderne Vollzug«? Nein, er will nichts essen, ein Wortschwall – wollte nur mal probieren – total fertig – – – Und dann muß ich dir noch sagen – ich sitze wegen Zuhälterei! Warum gerade das? Ich brauche alles an Selbstbeherrschung – das habe ich sogar »beruflich« nie geschafft, ich habe sie sorgfältig gemieden, Betrunkene und – Zuhälter. Da war ich immer Partei mit den Mädchen. Aber heute braucht er nur ein Bett – ach ein Bad, kann ich baden – nicht mit dem Rausch Richard – morgen – schlaf erst mal. In der Nacht höre ich ihn wandern, Türen gehen auf und zu – ja das muß man üben können. Frühstück, Knastberichte, ich verstehe, daß er lieber allein ißt, er kann das nicht mehr zusammen mit anderen. Er bekommt Taschengeld, zu lesen, ich muß arbeiten. Mittags hat er mit Genuß gebadet, es ist immer noch kalt, gehen wir was Warmes kaufen? Richard bockt, es ist ihm nicht kalt, ich versuche zu argumentieren – nichts – Gespräch über Arbeitssuche – Richard ist ungehalten: »Ich bin hier in Urlaub, wie redest du mit mir, ich habe Nachholbedürfnisse, du bist doch Psychologin!« Nein, ich habe Ohren, die dröhnen bei der Lautstärke der Musik, mach leise, solange ich arbeite. Diese Zumutung löst einen Wutanfall aus – »Was soll das für ein Urlaub sein, verstopf dir deine Ohren« – ich bin fassungslos und schweige.

Von Tag zu Tag verschieben sich die Machtverhältnisse, ich fange an, mich zu fürchten in der eigenen Wohnung, es ist verrückt, aber es stimmt. Mit Mühe bringe ich ihn dazu, zur Entlassungsstelle zu gehen, er kommt betrunken zurück, er will mit mir reden, ich will nicht. »Hör auf mit dem Geklapper in der Küche, das tut meinen Ohren weh« – ich schicke ihn ins Bett. Abends ißt er allein in der Küche, pflanzt sich vor den Fernseher, tief beleidigt, Finger an den Schläfen. Ich will mit ihm reden, er rollt die Augen gen Himmel, schützt seine Schläfen: »Ich kann deine Stimme nicht ertragen – mein Kopf!« Meine Wut macht ihn nüchtern, ich war selten so da, jetzt sind auch die Machtverhältnisse wenigstens gleich – ich nenne Bedingungen wie die nächsten Tage laufen können: Arbeitssuche, Mahlzeiten einhalten ... Aber es kommt nichts mehr auf zwischen uns – Drohen, Lauern, Angst und nichts mehr, was verbindet. Ich rufe einen Kollegen an, kannst du mir helfen, ich komme nicht weiter. »Wenn er will«, kommt es leicht irritiert und etwas ungläubig. Ich frage Richard, ob er am nächsten Abend da ist. Ja – Monsieur sind gnädig, der Kollege kommt. Richard ist verblüfft, ich sage: »weil ich nicht mit dir weiterkomme«. Unsere Konflikte kommen aufs Tapet, ich stelle mich – Richard grinst, wo habe ich dieses hämische Lächeln gesehen? Wenn er davon sprach als Kind, wie er die Mutter quälte, bei seinen Geschichten »wie das Pferdchen zu laufen hat«. Der Kollege kommt eher an ihn ran, er läßt sich nicht einfangen, fragt zurück, ruhig und interessiert. Richard stutzt, wird echter, alte Geschichten – aber er hält nicht durch.

Die nächsten Tage »gehen«, wir sind vorsichtiger, ich kann ihm auch ruhig sagen, daß er nach der Entlassung hier nicht wohnen kann, daß er selbst sich um Arbeit kümmern muß. Er telefoniert die Stellen durch, macht sich Notizen. Sonntag sind wir eingeladen, es geht im Schnee nicht ohne Pullover, auch ein Schlafanzug ist kein Luxus. Gnädiges Einwilligen, auf dem Weg Gespöttel. Ich sage, daß ich nur sehen will, wieviel Geld er braucht, kaufen soll er selbst. »Du findest ja den Laden nicht – hähähä ...«! Ich drücke ihm 100 Mark in die Hand und lasse ihn verblüfft stehen – ich flüchte mich in ein bürgerliches Café und komme mir vor wie im Kino – und doch geborgener als daheim. Wie soll ich bloß die zwei Tage durchstehen? Er kommt mit vernünftigen Einkäufen – »Du hättest natürlich das Teuerste gekauft!« Wir fahren zusammen zu Freunden, er wird dort akzeptiert, viele Menschen, die nicht schnell ablehnen. Er bleibt draußen ... Im Auto auf dem Rückweg: »Ich habe wahnsinnig geschwitzt und so blöd, daß du nicht weißt, wie man Kuchen mit nassem Messer aufschneidet«. Ich bin sehr müde, der Verkehr ist dicht, es schneit, ich muß aufpassen, wie ich durchkomme. –

XIII.

Als er weg ist, bin ich entsetzt über mich selbst – alles was ich fühle, ist Erleichterung. Und dann kommen die Schuldgefühle – wenn du ihn wirklich mögen würdest, dann ... Aber es ist nichts Liebenswertes mehr da – oder kann ich es durch die Kränkung durch nicht sehen? Ein Weihnachtsgutschein – ich habe Mühe, ein Päckchen zusammenzubringen. – Dann im Februar ein kurzes Schreiben – »Ich habe Urlaub beantragt, schicke bitte umgehend für die Zeit eine Einladung.« Ich schreibe zurück, erinnere an unsere Vereinbarung, er kann nicht bei mir wohnen, ich kann, wenn es für eine Arbeit notwendig ist, einen Heimplatz besorgen. Er nimmt nicht Stellung, meldet sich an.

Er kommt durch die Tür – grinsend – »Hähä, du hast mir den Urlaub vermasseln wollen, aber ich hab es geschafft, den Fürsorger rumgekriegt.« Wir trinken Kaffee, ich bringe ihn ins Jugendheim. Richard ist verblüfft, er habe auch noch in Süddeutschland in N. zu tun. Am nächsten Abend essen wir zusammen, der Arbeitsplatz ist ziemlich sicher. Anruf von der Entlassenenstelle, »stimmt es, daß er seinen Wohnsitz bei Ihnen hat?« Nein – am nächsten Tag trampt er nach Süddeutschland. Einen Tag vor der Entlassung rufe ich an, ob ich mich um einen Heimplatz bemühen soll. Der Fürsorger stottert – Richard würde niemandem sagen, wo er hingehe – leider ...

XIV.

Nach drei Monaten eine Karte, ich bin in B. In den Weihnachtsferien klingelt es – Richard wie ein Schaukeljunge, Ganove vom Scheitel bis zur Zehe, »nur mal reinschauen«, er bringt den Onkel mit, bei dem er die Feiertage verbringt. Nach einer Stunde erleichtert der Abschied, er wollte wohl dem Onkel die reiche Tante vorführen: »Schön haben Sie es hier, vornehm ...« Er ist Bauunternehmer – bankrott – mit großen Plänen, ob das drin liegt?

XV.

Gedacht an ihn? Ja, viel – manchmal beim Türe-Abschließen am Abend. Weil ich die Tür hinter ihm zugemacht habe. Wenn Experten und Laien darüber reden, daß Kinder Liebe brauchen, dann kann ich das jetzt gar nicht mehr hören.

Ich bin vorsichtiger im Verurteilen, im Wissen, im Prognosenstellen. Was er wohl treibt? »Wie gehts dem Richard?« fragen manchmal Freunde – ich weiß es nicht.

Und warum das jetzt? Ich weiß es nicht – vielleicht war es das, daß ich zuviel zu wissen glaubte und nicht mehr in der Lage war zu sehen – wahrzunehmen. Du hättest es doch sehen – wissen müssen. Ich habe es nicht gesehen – nicht gewußt ...

Kommentar

Die Kindertherapeutin, die hier ihre Erlebnisse niederschrieb, hat mich ein halbes Jahr später selbst um eine Beratung gebeten. Ihre Geschichte wäre vielfältig zu kommentieren, aber ich möchte sie unter das Thema stellen, das der Vater angesprochen hat: »Sie versuchten, eine gute Fee zu spielen, aber Sie haben es auch nicht geschafft«. Die Betreuerin hat viel Gutes gewollt, bis sie am Schluß aber selbst feststellte: Sie hat das Wichtigste, die Wirklichkeit dieses jungen Menschen nicht begriffen. Der Vater jedoch hat die Wirklichkeit der Therapeutin erfaßt: Sie war für ihn ein Wesen aus einer anderen Welt, eine *gute Fee.*

Eine Fee kommt im Märchen immer dann, wenn Menschen in Nöten sind. Sie verfügt über besondere Kräfte, sie hat einen Zauberstab. So hat es auch Richard erlebt. Wenn Krisen auftreten, kommt die Fee und findet einen Ausweg: ein Kinderheim etwa, in dem wirklich auf die Bedürfnisse geschädigter Kinder eingegangen werden kann. Sie spendet Bekleidung, sie sorgt für schöne Ferien. Sie ist eine Tante für Besonderheiten. Aber sie bleibt in ihrer eigenen Welt. Ganz bei ihr bleiben, in ihrem Reich, wie Richard sich das wünscht, darf er nicht. (Auch sie selbst verwehrt sich diesen Wunsch. Darauf komme ich später noch zu sprechen.)

Der Vater sieht sehr deutlich, daß eine solche Fee nützlich ist, und versucht, vor allem materiell zu profitieren. Doch er erlebt auch immateriell Positives. Die Therapeutin ist die erste Amtsperson, wie er sich ausdrückt, die ihn nicht aburteilt. Mit ihr kann er aber auch nicht streiten. Sie behandelt ihn dann mit dem Zauberstab »psychologische Methode«; sie weiß, wie man umgeht mit aggressiv provozierenden Menschen, sie bleibt stets freundlich und ruhig, sie zeigt Verständnis für seine Wut, wird selbst aber nie wütend. Der Vater bleibt stets etwas beschämt zurück. Es ist eine Wohltat für ihn, sich nicht aufs Neue blamieren zu müssen, nicht mit dem Gesetz, nicht mit früherem Verschulden konfrontiert zu werden. Die Argumente, die er *für* seinen Sohn vorbringt, werden ernstgenommen. Doch begegnet er in diesen Gesprächen stets einer Person, die von »woanders herkommt«, die sich mit ihm nicht wirklich einläßt. Als Vater fühlte er sich ernstgenommen, was er aber darüber hinaus zeigen will, wie großartig er ist, wie sehr ihn das Schicksal geschlagen hat – auch wenn er lamentierend übertreibt: Da spürt er kein Echo, kein Verständnis. Der Fee geht es nur um das Wohl des Jungen. So bleibt bei allem Respekt ein tiefer Groll. Mit der Todesnachricht teilt er ihr auch die Niederlage mit: »Sie wollten Fee spielen, aber sie haben es nicht geschafft«. Und dann noch: »Es war psychologisch vorprogrammiert«. Der Vater übernimmt jetzt die psychologische Diagnose.

Für die Therapeutin ist Herr X. ein schwieriger Vater, allein des Jungen wegen spricht sie mit ihm. Seine Aggressivität, sein Gehabe, seine Sprache findet sie abscheulich, wie sie in der Nachbesprechung sagen kann. Sein Interesse an dem Jungen mag sie. Dies verdeckt aber die bedrohliche und erschreckende Seite, der sie sich nicht zu nähern wagt. Eine Fee streitet sich nicht. Der Vater kann in dieser Situation aber nicht darüber sprechen, wie es war, als er den Sohn verletzte und prügelte. Das »Schreckliche« ist in dieser Beziehung ausgeklammert, es wird nicht akzeptiert, sondern dämonisiert und gemieden. Der Vater arbeitet mit der Fee zusammen, weil er spürt, daß sie es mit dem Jungen »gut meint« und daß es in seiner Ehe mit der ersten Frau nicht das Heim für die Kinder gibt, das er sich wünscht. So ist er einverstanden damit, daß der Junge in das Kinderheim kommt. Mit den Erzieherinnen dort kann er nicht kooperieren. Er merkt, daß ihn jeder im Grunde fürchtet und prahlt dann mit seiner Macht bei den Auftritten im Kinderheim. Es macht ihm Vergnügen, mit seinem Geschrei und seinem Gehabe den »Laden« ins Wackeln zu bringen. Erst im nachhinein kann die

Therapeutin sehen, daß es tragisch-komische Szenen waren, wenn dieser große, schwere und laute Mann in das ganz auf Kinder abgestellte Haus einbrach. Es gab nicht einmal einen passenden Stuhl für ihn.

Die Mutter des Jungen offenbart der Therapeutin ihr ganzes Elend. Inge sieht sie als mißhandelte, ausgebeutete Frau, die nicht die Kraft hat, sich zu wehren. Sie zeigt offen ihre Ablehnung gegenüber dem Kind und wird in dieser Ablehnung akzeptiert und entlastet. Im weiteren Verlauf der Geschichte ist von ihr nicht mehr die Rede. Sie gehört zur dunklen Seite dieser Geschichte, die vergessen oder besser: abgespalten wurde. Im nachhinein erlebte die Therapeutin ein Grauen vor dieser Frau, vor diesem Elend, das sie sich damals ebenso wenig eingestanden hatte wie die Wut und Verachtung deswegen, weil sie sich so ausbeuten ließ. In der Nachbesprechung fiel Inge ein, daß der Koffer des Jungen fürs Kinderheim sorgfältig gepackt war, daß auch das Lieblingstier nicht fehlte. Offenbar gab es bei der Mutter also auch noch andere Gefühle als Ablehnung. Ihre möglichen Schuldgefühle, Abschiedsschmerz, auch von seiten des Jungen, hat Inge nicht bedacht. Sie fragte nicht, was diese Mutter für den Jungen bedeutet hat, den sie sechs Lebensjahre mit Unterbrechungen versorgt hatte. Es gab keine Abschieds-, keine Trauerarbeit. Es erschien einfach psychologisch einleuchtend, daß diese Frau ihren Jungen loshaben wollte. Im Sinne des Kindeswohles wurde alles versucht, im Kinderheim durch sorgfältige Betreuung das Geschehene vergessen zu machen. Es ging um den »armen« Richard. Man übersah, daß der jahrelange Kampf zwischen Mutter und Sohn längst nicht mehr einseitig war. Richard wußte inzwischen, wie selbstlose Frauen zu behandeln waren.

Ein Teil seiner Beziehung zu weiblichen Betreuungspersonen, auch zur Kindertherapeutin, folgt diesem frühen Muster. Selbst als Erwachsener spricht er, inzwischen klug geworden, von seinen Nachholbedürfnissen, für die eine Psychologin da zu sein hat. Sein Hinweis beim Besuch im Fürsorgeheim und beim ersten Besuch im Knast, die Psychologin habe ihm seine Mutter weggenommen, birgt eine doppelte Aussage. Sie zeigt die vergessene Realität auf: Mit der Heimunterbringung hat er tatsächlich die Mutter verloren; der Vater ließ sich nach der Heimunterbringung scheiden. Zugleich weiß er, daß er damit ein Mittel für Druck und Erpressung hat. Im

Umgang mit psychologisch geschulten Erziehern hat er gelernt, daß die Trennung des Kindes von seiner Mutter gleichsam die Ursünde der Jugendhilfe ist. Er wendet damit der Kinderpsychologin gegenüber das gleiche Muster wie gegenüber seiner Mutter an: »Wenn du mich nicht so liebst, wie ich möchte, kann ich dafür sorgen, daß du bestraft wirst«. Die Therapeutin erinnerte sich später an das Lächeln der Befriedigung, das das Kind damals schon zeigte, wenn es von den Vorgängen zu Hause sprach. Mit diesem Lächeln warf der junge Erwachsene seiner Therapeutin zynisch Versagen vor, mit diesem Lächeln sprach er von seinen Pferdchen, die er auf den Strich schickte.

Jeder, der mit diesem Jungen in Berührung kam, war erschüttert von dem, was ihm angetan worden war, von früheren Erziehern oder von Schicksalsschlägen, die ihn immer wieder trafen. Doch Richard zog aus diesen Erfahrungen auch einen negativen, selbstdestruktiven Gewinn. Die Kollegin erinnerte sich in der Nacharbeit, daß fast alle Wutausbrüche als Kind auf ihn selbst zurückschlugen. Er habe meistens Dinge, die ihm lieb waren, zerstört oder Menschen verletzt, von denen er sich akzeptiert wußte. Darin wird der selbstdestruktive Drang dieses Leidens deutlich, der stets aufs Neue den Aggressor provoziert. In der Betreuung Richards wurde aber immer der Leidende gesehen, die aggressiven, selbstzerstörerischen Züge wurden nicht wahrgenommen oder sie wurden umgedeutet, obwohl Richard durch sein Verhalten alles tat, um auf seine wirkliche »Not« aufmerksam zu machen. Aber er fiel in die Watte der Akzeptanz, man stärkte und bestärkte seine freundlichen, clownartigen Seiten, verzieh seine Aggressionen als Folge der Versagung und glaubte, durch Zuwendung den Mangel wettmachen zu können.

Im Rückblick auf die Lebensgeschichte wird auch deutlich, daß Richard sich stark mit seinem Vater identifiziert hat, nicht mit dem realen, sondern mit einer idealen Gestalt. Der Vater war zu verehren und zu fürchten. Die Trennung vom Vater verstärkte diese Idealisierung. Der spätere Bruch mit dem Vater nach der erlebten Enttäuschung hat einen tiefen Haß zur Folge. Richard sprach als Jugendlicher nur mit Verachtung von ihm, in der man die tiefe Kränkung spürt. Zieht man in Betracht, daß der Vater inzwischen für Richard ja auch ein Teil seines Selbstbildes war, so hat diese Enttäuschung seinen frühen Selbsthaß vertieft. Die Idealisierung des Vaters ist die Folge der frühen Ablehnung durch die Mutter. Sie hat ja deutlich kundgetan, daß sie dieses Kind nicht mag, daß sie sich nicht mit ihm aussöhnen kann. Bei der kleineren Schwester hat Richard gesehen, daß es bei der Mutter eine solche Akzeptanz gibt. Von daher sind seine Neidgefühle zu verstehen. Es war ein übergroßer Hunger nach Zuwendung und Bestätigung seiner selbst, den Richard immer ausstrahlte und der jeden, der mit ihm zu tun hatte, beschäftigte und rührte. Richard konnte seine Betreuer durch spontane Äußerungen der Sympathie und Bewunderung beschenken. Mit einer großen Vitalität hat er den Wunsch, ganz zu jemand zu gehören, durchzusetzen versucht. Als das erste Kinderheim geschlossen worden war, versuchte er mit allen Mitteln, die Aufmerksamkeit durch Fehlhaltungen auf sich zu lenken. Es war gleichsam eine Negativwerbung gegenüber der Kindertherapeutin: »Sieh doch, wie schlecht es mir geht, du mußt mich zu dir nehmen«. Die Kindertherapeutin hat das gesehen, nahm aber den Appell nur halb an, wie sie überhaupt dieses Kind nur in seinen positiven Seiten sehen konnte. Sie tat viel über ihre Verpflichtung hinaus, erfüllte aber dem Jungen diesen Wunsch nie, obwohl sie es sich selbst sehr wünschte. Sie hat eine Zwischenform der Betreuung gewählt. Richard hat bis zuletzt diese Haltung wohl nicht verstehen können. Sie weckte immer wieder Hoffnungen und enttäuschte sie. Richard hat die Fee auch gehaßt. Aber die Fee, das zeigten die späteren Betrachtungen, schützte sich vor Verletzungen und schmerzlichen Erkenntnissen. Sie versagte sich den Wunsch, dieses Kind für sich zu haben.

Diese Selbstlosigkeit ist begründet in ihrer Lebensgeschichte. Als Fachfrau hat sie Rationalisierungen für diese Versagung zur Hand, die in der Fachwelt anerkannt werden. Sie fürchtete den Vorwurf des Egoismus, den Verdacht, berufliche und menschliche Frustrationen in der Liebe zu einem Kind befriedigen zu wollen. Diese Rationalisierung verhinderte, daß Inge den Wunsch annahm, was noch keineswegs seine Erfüllung bedeutet hätte. Mit dem Heimleiter hätte sie über diese Probleme sprechen müssen, aber die Angst, Richard zu verlieren, hinderte sie daran. Ähnliches gilt für die gemiedene Rivalität mit der Heimmutter; auch hier hat sich Inge nicht gezeigt, sie hat es sich versagt, einzukaufen, was sie für den Jungen gut hielt; doch damit wäre ein Stück ihres Selbst zutage getreten, sie hätte sprechen müssen, darüber, warum sie etwas kauft und warum nicht. Um Konflikten aus dem Weg zu gehen, hat sie eigene Wünsche zurückgestellt.

Wenn sie Richard sagen mußte, »Du kannst nicht hier bleiben«, dann hat sie das genau begründet, aber nicht ausgedrückt, welche Gefühle sie in der Situation leiteten. Sie wäre sonst nicht mehr die sichere Fee gewesen, sondern eine unsichere Frau, die mit dem Jungen zusammen hätte überlegen und erörtern können, ob der Alltag tatsächlich gemeinsam zu meistern wäre oder nicht.

In der Nachbesprechung wurde der Therapeutin bewußt, daß sie ihre Gefühle die ganzen Jahre verborgen hatte, daß sie weder Stolz noch Freude über die positive Entwicklung des Jungen gezeigt hatte und daß sie auch ihre Trauer und Verzweiflung über die notwendige Trennung versteckt hatte. Da sie selbst aber ihre Gefühle und Wünsche nie einbrachte, wurde sie ausbeutbar. Das zeigt die Geschichte eindeutig. Es gibt nur eine Stelle, an der sie sich selbst zeigt: Ihre Wut bricht durch, als der junge Mann sie in der eigenen Wohnung »wie Dreck« behandelt. Mit dieser Wut findet sie ein Echo, sie rettet gleichsam in letzter Minute ihre private Situation. Geblieben wäre ihr nur noch die Flucht aus der eigenen Wohnung. In dieser Extremsituation der Selbsterhaltung hat sie Grenzen gesetzt. Da war sie nicht mehr Fee. Doch für eine Änderung der Beziehung war es zu spät.

Es ist im Nachhinein nicht zu sagen, ob die Entwicklung des jungen Mannes anders verlaufen wäre, wenn es der Kollegin gelungen wäre, sich mit diesem Konflikt auseinanderzusetzen. Sicher ist jedoch, daß sie selbst die Beziehung anders hätte beenden können. Das reale Ende ist der Suizid des jungen Mannes. Und bei aller Verzweiflung des Jungen war der Suizid adressiert. Er kam an beim Vater, aber auch bei der Therapeutin. Der Vater hatte viel Hoffnungen in diesen Jungen investiert; er ist enttäuscht und verachtet ihn. Bei der Kollegin wurde die Beziehung zu Richard zu einer Auseinandersetzung mit sich selbst, mit ihren Wünschen und Erwartungen. Durch Gefühle der Schuld, Beschämung und Trauer fand sie einen neuen Zugang zur eigenen Identität.

Die berufliche Dimension der Selbstlosigkeit

Die Kindertherapeutin stellte sich selbst und ihre Fähigkeiten in den Dienst ihrer Arbeit am geschädigten Kind. Sie vermochte sich sehr gut einzufühlen. Da sie die Kinder immer als die ihrer eigenen Eltern sah, verwies sie die Kinder stets zurück an diese. Sie kooperierte einfühlsam mit den Eltern. Sie griff dann heilsam ein, wenn es um Vermittlung, Verständigung ging, wenn es darum ging, neue kreative Möglichkeiten des Zusammenlebens zu finden. Sie war eine gefragte und geschätzte Fachkraft. Sie hatte als begabtes Kind im Sinne von *Alice Miller* (1979) gelernt, durch Einfühlung in die Eltern, deren Wünsche zu erraten und sich nach ihnen zu richten. Sie war so »einig« mit diesen Wünschen, daß sie diese als die ihren, die eigenen erlebte. So lebte sie in scheinbarer Harmonie mit den Wünschen ihrer eigenen Eltern, sie empfand diese als »Ideal«, sie glaubte, eine glückliche Kindheit gehabt zu haben. Sie verfügte als Fachkraft über eine minutiöse Einfühlung gerade in unglückliche, mißverstandene Kinder. Den Eltern gegenüber war sie eine engagierte Dolmetscherin. Ihre Gefühle von Haß, Neid und Wut waren ihr sehr fern, sie kannte sie eigentlich nur rational. Wenn sie bei Kindern auftraten, dann mußten sie *Fehlhaltungen* sein, die sie als Psychologin als Alarmsignale, als Ausdruck von Frustration zu deuten hatte. Sie hüllte diese Fehlhaltungen, diese negativen Gefühle anderer gleichsam in einen Mantel verstehender psychologischer Interpretation. Eigentlich können die Kinder gar nicht so sein. Wenn man sie nur versteht, verlieren sie die Fehlhaltungen! Psychologische Theorien diesen Inhalts standen ihr zu Gebote. So konnte sie in ihrer beruflichen Tätigkeit ihre kindlichen Erfahrungen wiederbeleben, es gab die entsprechende Anerkennung, und eine solche Form professionellen Handelns erlebte sie als günstiges Regulationssystem für ihre eigenen psychischen Spannungen. Damit diente diese Kinder-Therapeutin der Ideologie notwendiger Reformansätze in der Nachkriegszeit.

Die »Fee« vermied es, sich in »menschliche Konflikte« einzulassen, sie brachte sich damit um ihre eigene Lebendigkeit. Sie hielt sich aber auch zurück in der notwendigen Auseinandersetzung mit gesellschaftlichen Mißständen. Sie arbeitete immer dann mit, wenn es um Überzeugungsarbeit ging oder um die Aufklärung von sogenannten »Mißverständnissen«, sie scheute jedoch den offenen Konflikt.

Die »Fee« ist damit eine späte Nachfahrin der heiligen Elisabeth. Sie kam von ihrer Burg der Wissenschaft herunter zu den psychisch Leidenden. Sie verzichtete auf eigene Kinder und fand sich wieder im Leiden der fremden mißverstandenen und verlassenen Kinder. Eines Meister Konrad bedarf es in der modernen Zeit nicht mehr. Der reale Zensor wird heute ersetzt durch die Übernahme der Logik der Wissenschaft in die persönliche, vor allem professionelle Sozialisation. Mit ihr wird auch die falsche Lehre vom Selbstverzicht tradiert und in der beruflichen Identität integriert.

In der Sprache der Fachlichkeit werden Ideale häufig durch Prinzipien ersetzt. Die Kindertherapeutin Inge hatte ein Teilprinzip, die berufliche Distanz, zum Selbstideal gemacht. Sie war eine gute Fee, verständnisvoll, freundlich und nachgiebig, sie sah in Richard das verlassene Kind. Das Leitbild, das sie verfolgte, engte nicht nur sie selbst ein – sie vermochte nicht zu fordern, nicht zu kämpfen –, es verhinderte die Wahrnehmung der wirklichen Gefahr, die Selbstdestruktivität, und diese blieb unbemerkt. Als Inge dessen gewahr wurde, hatte Richard Erzieher, die dem Prinzip der antiautoritären Erziehung folgten, auch sie konnten nicht sehen, daß der Junge Forderungen brauchte, Auseinandersetzungen, das Gefühl, wert zu sein. Die Fee lebte ihr Ideal; damit wertete sie jedoch unbemerkt viele Lebensbereiche Richards ab, der kein sanfter, freundlicher Junge war.

Erst die Akzeptanz beider Seiten des Geschehens kann aber Kräfte zur Selbstverwirklichung freisetzen. Idealisierung der einen und Dämonisierung der andern »versteinert«. Die Kindertherapeutin war engagiert und begabt. Jedoch verstellten ihre Leitbilder die Wahrnehmung und banden ihre Kräfte.

3. Das lebendige Gedächtnis

Das lebendige Gedächtnis wird der Frau entwunden, ein Bild, das andere von ihr sich machten, wird ihr untergeschoben. Der entsetzliche Vorgang der Versteinerung am lebendigen Leib.

(Christa Wolf)

Im vergleichenden Blick zurück auf die helfenden Frauen fällt auf, daß die Akzente sich verschoben haben.

Auch heute ringen Frauen um ihre Identität, doch sind sie aktiver beteiligt, auch hat sich die Auseinandersetzung verinnerlicht. Dem Lebensstil des Mittelalters entsprach die Erhebung Elisabeths und die Verbrennung der Hexen in einer »prunkenden und grausamen« Öffentlichkeit. Im 19. Jahrhundert vollzog sich die Auseinandersetzung in der Familie, vor allem mit den Vätern.

Im Vergleich zu den Frauen früherer Zeit ist die äußere Bedrohung geringer geworden, wenn Frauen versuchen, über die zugewiesenen Bereiche und Rollen hinauszugehen. In der Erziehung aber wie in der Arbeitswelt werden alte Leitbilder tradiert und von Frauen verinnerlicht, sie formen das Ideal des eigenen Selbst. Frauen setzen sich deshalb vermehrt mit sich selbst auseinander. In helfenden Berufen ist die Selbstreflexion Bestandteil beruflichen Handelns.

In der Ablösung von den Vätern ist die Bereitschaft, sie zu idealisieren, geringer geworden. Liest man die feministische Fachliteratur, scheint nun aber eine Phase der Idealisierung der Mütter anzubrechen. Das Matriarchat ist ein wichtiger Forschungsbereich geworden. Für das geschädigte Selbstbewußtsein von Frauen im Patriarchat ist das Wissen von Bedeutung, daß am Ursprung gleichsam starke, lebendige, allein-stehende Frauen waren. Wo immer wir tiefer graben, treffen wir auf eine Erdmutter, sagt *Christa Wolf.* Wir wurden aus dem Schoß der Mutter geboren und nicht aus dem Kopf des Zeus, wie die Göttin Athene, die ja die Schutzgöttin der Wissenschaft ist.

Es ist aber ein Irrweg, die Mütter zum Idol zu machen. Es ist eine Falle, mit idealisierten Müttern gegen die Väter zu kämpfen. *Marina Gambaroff* (1984) hat darauf hingewiesen. Es ist auch ein Irrweg, die Mütter zu dämonisieren, wie dies bei Fachfrauen mitunter geschieht, indem sie den frühkindlichen Einfluß der Mütter überbewerten. Sicher, wir erfahren das Bild unserer selbst von einer zugewandten Mutter. Doch: das Glück, auf eigenen Füßen zu stehen, in die Welt gehen zu können, ist auch eine Erfahrung der frühen Kindheit. Beide Formen der Verarbeitung, Idealisierung und Dämonisierung des Mütterlichen, behindern Frauen in der Entfaltung ihrer Kräfte, gerade dann, wenn sie helfen wollen.

Die Aufgabe der Entidealisierung und Entdämonisierung gilt nicht nur für den familiären Bereich.

Entzauberung ist notwendig gerade für Zielsetzung und Programme im psychosozialen Bereich. Fachwissenschaftliche Erkenntnisse und Verfahren sind keine magischen Rezepturen, die wie ein Zauberstab benutzt werden können und die wie ein Zauber befolgt werden müssen. Sie entlasten auf diese Weise kurzfristig, verhindern jedoch das lebendige Sich-Einlassen in die sich stets wandelnden Situationen.

Das lebendige Gedächtnis für Ereignisse der eigenen Geschichte wie auch für die Geschichte der Frau kann Schutz bieten gegen die Gefahr, daß Frauen in Prinzipien und Programmen der psychosozialen Arbeit heute sich selbst verdinglichen.

Literatur

Andreas-Salomé, Lou: Dank an Freud. Wien, 1931.
Andreas-Salomé, Lou: In der Schule bei Freud. Zürich, 1958.
Andreas-Salomé, Lou: Lebensrückblick. Frankfurt/Main, 1968.
Andreas-Salomé, Lou: Die Erotik. München, 1979.
Aronson, Elliot, Ayala M. Pines und Ditsa Kafry: Ausgebrannt – Vom Überdruß zur Selbstentfaltung. Deutsche Ausgabe. Stuttgart, 1983.
Bebel, August: Die Frau und der Sozialismus. Nachdruck der 50. Aufl. Berlin 1909. Frankfurt/Main, 1981.
Beissel, Stefan: Geschichte der Verehrung Marias in Deutschland während des Mittelalters. Darmstadt, 1972.
Bernards, Mathäus: Speculum Virginum. Geistlichkeit und Seelenleben der Frau im Mittelalter. Köln, 1955.
Beumann, Helmut: Friedrich II. und die Heilige Elisabeth. Zum Besuch des Kaisers in Marburg am 1. Mai 1236 in Sankt Elisabeth. Sigmaringen, 1981.
Büchner, Luise (Anonyme Autorin): Die Frauen und ihr Beruf. Leipzig, 1884.
Burckhard, Georg: Studien zur Geschichte des Hebammenwesens. Bd. I. Erstes Heft. Leipzig, 1912.
Busse, Wilson: Das Leben der heiligen Elisabeth. München, 1931.
Campe, Joachim Heinrich: Väterlicher Rath für meine Tochter. Frankfurt und Leipzig, 1790.
Deutsch, Helene: Psychologie der Frau. 2. Aufl. Bern, 1959. 1. Dt. Ausg., 1948. Engl.: Psychology of Woman. 1931.
Diepgen, Paul: Frau und Frauenheilkunde im Mittelalter. Stuttgart, 1963.
Döring, Luise: Frauenbewegung und christliche Liebestätigkeit. Leipzig, 1917.
Dohm, Hedwig: Die Antifeministen. Berlin, 1902.
Frederiksen, Elke: Die Frauenfrage in Deutschland. Stuttgart, 1981.
Freire, Paulo: Pädagogik der Unterdrückten. 2. Aufl. Stuttgart, 1972.
Freud, Sigmund: Gesammelte Werke. London, 1952.
Fromm, Erich: Anatomie der menschlichen Destruktivität. Stuttgart, 1974.
Gambaroff, Marina: Utopie der Treue. 9.–12. Tsd. Reinbek, 1985.
Gravenhorst, Lerke: Soziale Kontrolle abweichenden Verhaltens. Fallstudien an weiblichen Insassen eines Arbeitshauses. Frankfurt/Main, 1972.
Hausrath, Adolf: Der Ketzermeister Konrad von Marburg. Heidelberg, 1861.
Horkheimer, Max, Theodor W. Adorno: Dialektik der Aufklärung. Neuausg. Frankfurt/Main, 1969.
Horkheimer, Max: Traditionelle und kritische Theorie. Frankfurt/Main, 1970.
Huizinga, Johan: Herbst des Mittelalters. 11. Aufl. Stuttgart, 1975.
Krüll, Marianne: Freud und sein Vater. München, 1979.
Lenski, Gerhard: Macht und Privileg. Eine Theorie der sozialen Schichtung. Frankfurt, 1973.
Lexikon für Theologie. Freiburg, 1962.
Löhe, Herrmann: Im Dienst der Kirche. Quellen und Urkunden zum Verständnis Neuendettelsauer Art und Geschichte. Neuendettelsau, 1925.
Loose, H. L.: Elisabeth von Thüringen. Freiburg, 1979.
Maresch, M.: Elisabeth, Landgräfin von Thüringen. Mönchen-Gladbach, 1918.

Meier, Olga: Die Töchter von Karl Marx. Unveröffentlichte Briefe. Frankfurt/Main, 1983.

Meysenbug, Malvida von: Memoiren einer Idealistin. Stuttgart, 1876.

Michelet, Jules: Die Hexe. Nachdruck von 1863. München, 1975.

Mill, John Stuart: Die Hörigkeit der Frau. Dt. Ausg. Berlin, 1869. Original: On the Subjection of Woman, London, 1869

Miller, Alice: Das Drama des begabten Kindes. 1. Aufl. Frankfurt/Main, 1979.

Miller, Alice: Du sollst nicht merken. 1. Aufl. Frankfurt/Main, 1981.

Mitterer, Albert: Mann und Weib nach dem biologischen Weltbild des Heiligen Thomas und dem der Gegenwart. In: Zeitschrift für katholische Theologie 57. Jahrg. 1933.

Mitscherlich-Nielsen, Margarete: Psychoanalyse und weibliche Sexualität. In: Psyche. 9, 29. Jahrgang Sept. 1975.

Mitscherlich-Nielsen, Margarete: Zur Psychoanalyse der Weiblichkeit. In: Psyche. 8, 32. Jahrgang Aug. 1978.

Murray, Margaret: The God of the Witches. London, 1952.

Nigg, Walter: Die Heiligen kommen wieder. Leitbilder christlicher Existenz. Freiburg, 1973.

Nigg, Walter: Elisabeth von Thüringen. Freiburg, 1979.

Röhr, Dorothea: Prostitution. Frankfurt/Main, 1972.

Salomon, Alice: Die Ausbildung zum sozialen Beruf. Berlin, 1927.

Salomon, Alice: Was wir uns und anderen schuldig sind. Berlin, 1912.

Salomon, Alice: Innere Probleme der Ausbildung. In: Die Ausbildung zum sozialen Beruf. Berlin, 1927.

Schmid, Carlo: Lorenz von Stein. In: Die Großen Deutschen Hrsg. von Hermann Himpel u.a. Bd. 5 Berlin, 1960.

Schmidbauer, Wolfgang: Die hilflosen Helfer. 2. Aufl. Reinbek bei Hamburg, 1978.

Schühlein, Johann August: Das Gesellschaftsbild der Freudschen Theorie. Frankfurt/Main, 1975.

Shahar, Shulamith: Die Frau im Mittelalter. Königstein Ts., 1981.

Sieveking, Amalie Wilhelmine: Unterhaltungen über einzelne Abschnitte der Heiligen Schrift. Leipzig, 1855.

Sieveking, Amalie Wilhelmine: Der weibliche Verein für Armen- und Krankenpflege. 1.–27. Bericht Hamburg, 1848.

Soldan, W. G., Heppe, H.: Geschichte der Hexenprozesse. Neu bearb. u. hrsg. von Max Bauer. Nachdruck d. 3. letzten Aufl. von Max Bauer. Hanau, 1911. (Soldan-Heppe 1843).

Spee, Friedrich Graf von: Cautio Criminalis oder Rechtliches Bedenken wegen der Hexenprozesse. München, 1982 (Original 1647).

Spee, Friedrich Graf von: Trutznachtigall. Freiburg i.B., 1908.

Spranger, Eduard: Die Idee einer Hochschule für Frauen und die Frauenbewegung. Leipzig, 1916.

Sprenger, Jakob: Die erneuerte Rosenkranz-Bruderschaft 1476. In: Kölner Pastoralblatt 1897.

Sprenger, Jakob, Institoris, Heinrich: Der Hexenhammer 1486. Darmstadt, 1980.

Stein, Lorenz von: Die Frau und die Nationaloekonomie. Stuttgart 1886.
Theweleit, Klaus: Männerphantasien. Bd. 1 und 2. Hamburg, 1980.
Thomas von Aquin: Summa Theologica. Dt. Ausg. Heidelberg, 1959.
Uhlhorn, Gerhard: Die christliche Liebestätigkeit im Mittelalter. Stuttgart, 1884.
Vives, Juan Louis: Die Erziehung der Christin. Brügge, 1523.
Wichern, Johann Hinrich: Kommunismus und die Hilfe gegen ihn. In: Sämtliche Werke. Bd. 1. Hamburg, 1901
Winnicott, D. W.: Kind, Familie, Umwelt. München/Basel, 1969.
Zacharias, Gerhard: Der dunkle Gott. Wiesbaden/München, 1982.
Zimmermann, Ruth: Jenny Marx und ihre Töchter. Freiburg i. B., 1984.

Weiterführende Literatur

1. Literatur zur Geschichte der Sozialarbeit/ Sozialpädagogik

Landwehr, Rolf u. a. (Hrsg.): Geschichte der Sozialarbeit. Weinheim u. a., 1983.
Müller, C. W.: Wie Helfen zum Beruf wurde. Weinheim u. a., 1982.
Münchmeier, Richard: Zugänge zur Geschichte der Sozialarbeit. München, 1981.
Sachße, Christoph, Florian Tennstedt (Hrsg.): Bettler, Gauner und Proleten. Armut und Armenfürsorge in der deutschen Geschichte. Reinbek bei Hamburg, 1983.
Sachße, Christoph, Florian Tennstedt: Geschichte der Armenfürsorge in Deutschland. Vom Spätmittelalter bis zum Ersten Weltkrieg. Stuttgart u. a., 1980.

2. Literatur zum Thema Hexen

Die Quellen

Spee, Friedrich Graf von: Cautio Criminalis oder Rechtliches Bedenken wegen der Hexenprozesse. Nachdr. München, 1982.
Sprenger, Jakob, Heinrich Institoris: Der Hexenhammer, 1486. Nachdr., Dt. Übers. d. Orig. Ausg. von 1906. Darmstadt, 1980.

Geschichtliche Zusammenfassung

Hansen, Joseph: Quellen und Untersuchungen zur Geschichte des Hexenwahns und der Hexenverfolgung im Mittelalter. Nachdruck von 1901. Hildesheim, 1963.
Hansen, Joseph: Zauberwahn, Inquisition und Hexenprozesse im Mittelalter und die Entstehung der großen Hexenverfolgungen. München/Leipzig, 1900.
Ders., Nachdr. von 1900. Aalen, 1964.
Soldan, W. G., Heppe, H.: Geschichte der Hexenprozesse. Neu bearb. u. hrsg. von Max Bauer. Nachdr. d. 3. letzten Aufl. von Max Bauer. Hanau, 1911.

Bilder der Verfolgung dokumentiert
Droß, Annemarie: Die erste Walpurgisnacht. Reinbek, 1981.
Hammes, Manfred: Hexenwahn und Hexenprozesse. Frankfurt/Main, 1981.
Hauschild, Thomas u.a.: Hexen. 5. Aufl. Hamburg, 1979. (Katalog zur Sonderausstellung »Hexen« in Hamburg. Museum für Völkerkunde).
Michelet, Jules: Die Hexe. Berlin, 1975.

Inquisition und Hexenprozeß
Heinsohn, Gunnar, Otto Steiger: Die Vernichtung der weisen Frauen. In: Mammut Texte 1 u. 2, hrsg. von Jörg Schröder. Herbstein, 1984.
Kunz, Michael: Ein Jurist in der Zeit der Hexenprozesse, Johann Simon Wangereck. In Journal für Geschichte, 5/83.

Hexenwissen
Ehrenreich, Barbara, Deidre English: Hexen, Hebammen und Krankenschwestern. München, 1975.
Marzell, Heinrich: Zauberpflanzen und Hexentränke. Stuttgart, 1963.

Zeitgeschichtliche neue Untersuchungen
Becker, Gabriele, u. a.: Aus der Zeit der Verzweiflung. Zur Genese und Aktualität des Hexenbildes. Frankfurt/Main, 1980.
Honegger, Claudia (Hrsg.): Die Hexen der Neuzeit. Frankfurt/Main, 1979.

3. Zur Geschichte der Frauenbewegung

Twellmann, Margrit: Die deutsche Frauenbewegung. Ihre Anfänge und erste Entwicklung 1843–1889. Kronberg, 1976.

4. Zur Selbstpsychologie

Jacobsen, Edith: Das Selbst und die Welt der Objekte. Frankfurt/Main, 1978 (stw 242).
Kernberg, Otto F.: Borderline-Störungen und pathologischer Narzißmus. 4. Aufl. Frankfurt/Main, 1980.
Kohut, Heinz: Narzißmus. 2. Aufl. Frankfurt/Main, 1979.
Mahler, Margret S.: Die psychische Geburt des Menschen. Dt. Ausg. Frankfurt/Main, 1978.
Winnicott, D. W.: Reifungsprozesse und fördernde Umwelt. München, 1974.
Winnicott, D. W.: Vom Spiel zur Kreativität. Stuttgart, 1973.